覚悟と、メシと。

元F1ドライバー
山本左近

覚悟と、メシと。

元F1ドライバー
山本左近

「独立しようと思うんだけど、どう思う?」

「急にどうした？」

「急でもないんだ。ずっと前から考えていたんだ」

「外に出るからちょっと待って」

電話をかけてきたのは、広告代理店に勤める友人でした。彼が今の会社に勤め始めた頃に知り合っているので、かれこれ10年以上の付き合いになります。

これまで彼から独立の話を聞いたことは1度もありませんでした。

僕は次の約束の時間が気になりながらも、ここで電話を切るのも微妙な気がして、彼の話に耳を傾けました。

「1年以上続いていた大きなプロジェクトがひと段落したから、
辞めるなら今が一番のタイミングだと思う。
いくらか貯金もあるし、全部ではないにしても
クライアントの何社かは独立した後も
俺と取引してくれると思う。
挑戦するなら今だと思うんだけど、どう思う?」

話を聞き終え、要するに彼は
覚悟が決まっていないのだと思いました。

「今が一番のタイミング」
「挑戦するなら今だ」

そう言いながらも、どこかにまだ迷いがあり、
僕に背中を押してほしかったのです。

だから僕は言いました。

「今度の週末、うちに来いよ」


覚悟を決めるとき。

僕は街へ出て、何か特別なものを食べるのではなく、いつも自分の家でメシをつくってきました。

あるときはハンバーグ、あるときはパスタ、あるときはシュニッツェル、あるときは……。


僕にとって、それぞれの〝メシ〟には自分を奮い立たせる記憶がスパイスのように入っているので、いつしかそれらを「覚悟メシ」と呼ぶようになりました。

本書で得られるものは、覚悟を決めるための方法ではなく、覚悟が決まるまでの考え方です。

あれこれ迷っていたり、あるいは人生が切り替わったりする時々でも、「今の自分は幸せで楽しい」という生き方をするために。

本書が、あなたの「覚悟」のキッカケになれば幸いです。

２０１９年２月

山本左近

Zoff
ETIHAD
DREMEL
BIG ON DETAIL

第5章　心を落ち着ける覚悟メシ「極上出汁の肉うどん」

悪魔の囁きが聞こえるとき
心を落ち着ける覚悟メシ「うどん」
8合目のテスト
「運がいい」と信じる
日本人最年少F1デビュー（当時）
セナのお墓を訪ねて
インテルラゴス・サーキットにて
極上出汁の肉うどんのつくり方

第1章
異国で出合った母の味
「ハンバーグ」

6歳—覚悟への序章

前年にF1日本グランプリが10年ぶりに復活した鈴鹿の1988年は、格別でした。予選からの観客動員数は23万3000人を記録。週刊少年ジャンプではアイルトン・セナを主人公とした漫画が連載され、グランプリのテレビ放送は高視聴率を叩き出すなど、今となっては信じられないことですが、「日本中の注目が鈴鹿に注がれていた」と言っても過言でない状況だったのです。

主役は、アイルトン・セナ。ライバルは、同じチーム（マクラーレン）のアラン・プロスト。今でもF1ファンに語り継がれるライバルと言えば、この2人を想像する方も多いのではないでしょうか。

この日、スタート時点で、セナは14番手まで順位を落としていましたが、そこからすごい勢いで順位を上げていき、10周目には4位まで浮上。28周目のメインストレートで、ついにプロストを追い抜いてトップに立ったのです。

ラスト5周に差しかかったところで雨が降り出すドラマもありましたが、結局そのままゴール。セナが、初めてのワールド・チャンピオンに輝いた瞬間でした。

「自分の隣に神を見た」

レース後、セナはそう語っていたそうです。

実はこの日、人生で初めて、僕は鈴鹿でF1を観戦しました。

爆音を響かせながら時速300キロの猛スピードで駆け抜けるマシン。歓声と熱気に包まれたサーキット。その金網にしがみついて、セナのゴールを見つめていた僕。おこがましいかもしれませんが、この日、僕の運命は決まりました。

「F1ドライバーになりたい！」

全身の血が沸き立つ感覚を抑えきれず、サーキットからの帰り道、母にそう話していました。6歳のときのことです。

子どもが何の根拠もなく、「大きくなったら警察官になりたい」「歌手になりたい」「お嫁さんになりたい」などと言うのと同じように、「覚悟」というにはあまりに無邪気だったのかもしれません。

でも、この日以来、たとえば筆箱を新調するときも選ぶのはＦ１の柄のもの、友だちとミニ四駆でレースをするときも改造してＦ１のマシンに見立てるなど、僕は寝ても覚めてもＦ１のことしか考えられなくなってしまったのです。

もし、セナがチャンピオンになっていなければ――。

母がレースを見に連れて行ってくれなければ――。

覚悟には結論があるだけ

僕がＦ１にはまり始めた当時、父は医師として多忙を極めていました。

「老人天国をつくる」という信念のもと、東京ドームが何個も入るほどの広大な土地を取得して、そこに病院だけでなく、お年寄りのための施設や障がいを抱えた方が自立を目指すための施設、さらには保育園や郵便局、喫茶店までつくるという壮大な計画を実行中でした。

高齢者医療や福祉に自分の時間と情熱のすべてを注ぎ込み、そして1978年、愛知県豊橋市に医療法人と社会福祉法人からなる「福祉村」の設立を発表したのでした。前例のない挑戦に、まわりの理解をなかなか得られず、当初はかなり苦労したようですが、父はまったくぶれることなく邁進し、信念を力強く現実にしていったのです。

そんな父の存在は、僕にとって大きな誇りであり、そして、脅威でもありました。心理学者のジークムント・フロイトの精神分析では、息子は無意識のうちに父親を敵対し、また尊敬しているとされています。

そのことをあまり意識したことはありませんが、ご多分に洩れず、僕にもこの相反する感情があったのかもしれません。

振り返ってみると、それを裏づけるような出来事もありました。1990年のときのことです。

福祉村に「ジュゲム」という7階建ての新しい老人保健施設が完成しました。

僕は両親に連れられて、その落成式に出席していたのですが、澄み切った青空を背景に、真っ白くそびえ立つその建物はあまりに圧巻でした。

それを目にしたとき、「医者になって父親の跡を継ぐ」という人生のレールが見えた気がして、それまで感じたことのない思い（反発と言って良いのかもしれません）が、どこからかふつふつと湧き上がっていったのです。


「このまま医師になったとしてもお父さんを超えられない」

「お父さんを超えたい」


はっきり、そう自覚してしまったのでした。

そして「医者にはならない」と誓うと同時に、「F1ドライバーになりたい」という夢は、「F1ドライバーになる」という覚悟へとたしかに変わったのです。僕の挑戦は、ここから始まりました。

覚悟にふたつの選択肢などありません。

やるかやらないか、決めるか決めないかではなく、覚悟にはいつも「やる」「決める」というただひとつの結論があるだけです。

病院、高齢者施設、障がい者支援施設、保育園、郵便局、喫茶店などを内包する「福祉村」。

あの日、もし、セナがチャンピオンになっていなければ――。
母がレースを見に連れて行ってくれなければ――。
父がこれほど大きな存在でなければ――。

ピラミッドの頂点に立つ覚悟

それからの僕は毎日毎日、「どうやったらF1ドライバーになれるのか」ということばかり考えていました。

その頃、学校のクラスにはF1好きな友達が何人かいましたが、残りは野球ファン。愛知という土地柄、スポーツと言えば野球であり、そのほとんどは中日ドラゴンズのファンでした。

父もドラゴンズが大好きで、野球中継を見ていてドラゴンズが勝つと機嫌が良くなり、負けそうになると、「このやろう」などと言って勢いよくテレビを消したものです。

こうした環境にありながらも、鈴鹿でレースを観戦して以来、僕にとってのヒーローは落合選手でも立浪選手でもなく、アイルトン・セナでした。

とはいえ、インターネットもまだない時代です。情報源と言えばテレビや雑誌が中心で、僕は近所の書店に通って、F1雑誌をチェックしていたのです。

そんなある日のことでした。

F1ドライバーになるには、まず「レーシングカート」からスタートするという趣旨の記事を見つけたのです。

レーシングカートとは、レース仕様につくられた小さな車を操る競技のことで、レーシングドライバーの入門クラスに位置づけられています。

遊園地にあるアトラクションのゴーカートとは違って、最高時速は約130キロ。専用のサーキットに行けば、子どもから大人まで誰でも気軽に楽しむことができますが、実は「小さなF1」と言われているくらい、迫力のある乗り物です。

実際、F1ドライバーの多くは、カートレースからこの世界に入っています。

カートの後、「ミドルフォーミュラ」や「F3」という国際レースに参戦していくのが一般的な流れで、F3は若手の登竜門のレースとも言われ、F1ドライバーには

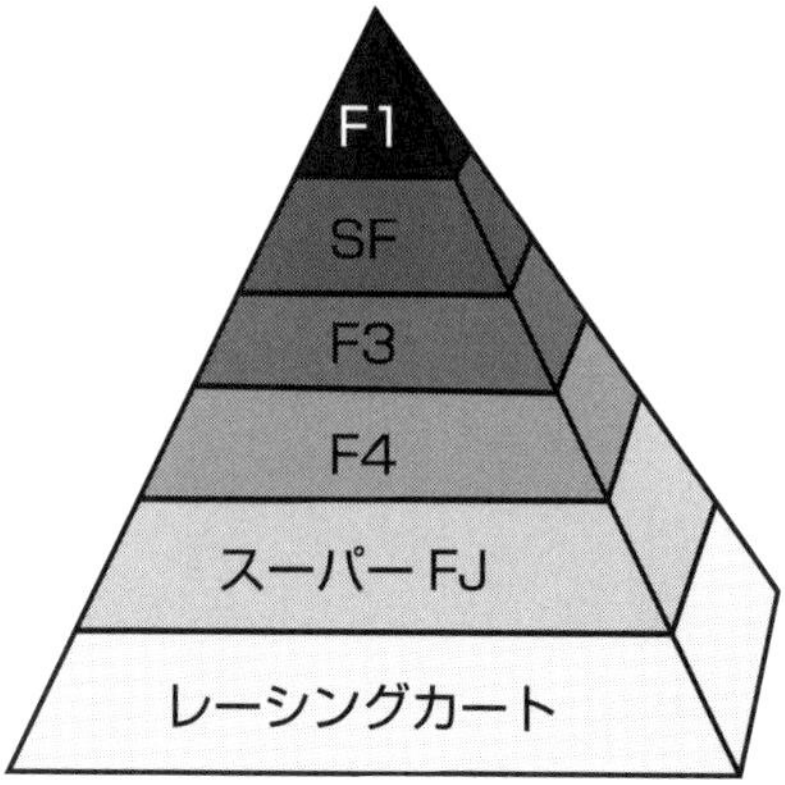

Ｆ３のチャンピオン経験者もたくさんいます。

ただ、Ｆ３の上には「スーパーフォーミュラ」や「ＧＰ２」もあり、モータースポーツは、Ｆ１を頂点とするこのようなピラミッドが形成されているので、Ｆ１ドライバーにたどり着くまでには何とも長い道のりがあるのです。

この途中で一体どれだけたくさんの人が振るい落とされているのか……。子ども心にも、Ｆ１ドライバーになるのはとても大変なことがわかりました。

その後も、さらに驚いてしまう事実がどんどんわかってきたのですが、極めつきは、順調にキャリアを重ねることができたとしても、必ずしもＦ１ドライバーになれるわけではないということでした。

Ｆ１のシートに乗れる可能性のあるドライバーは、それぞれのチームが契約するテストドライバーなど

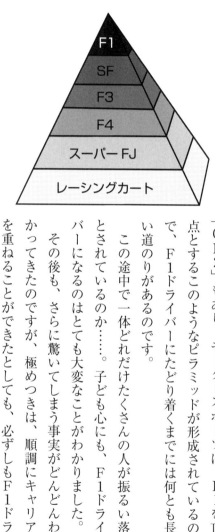

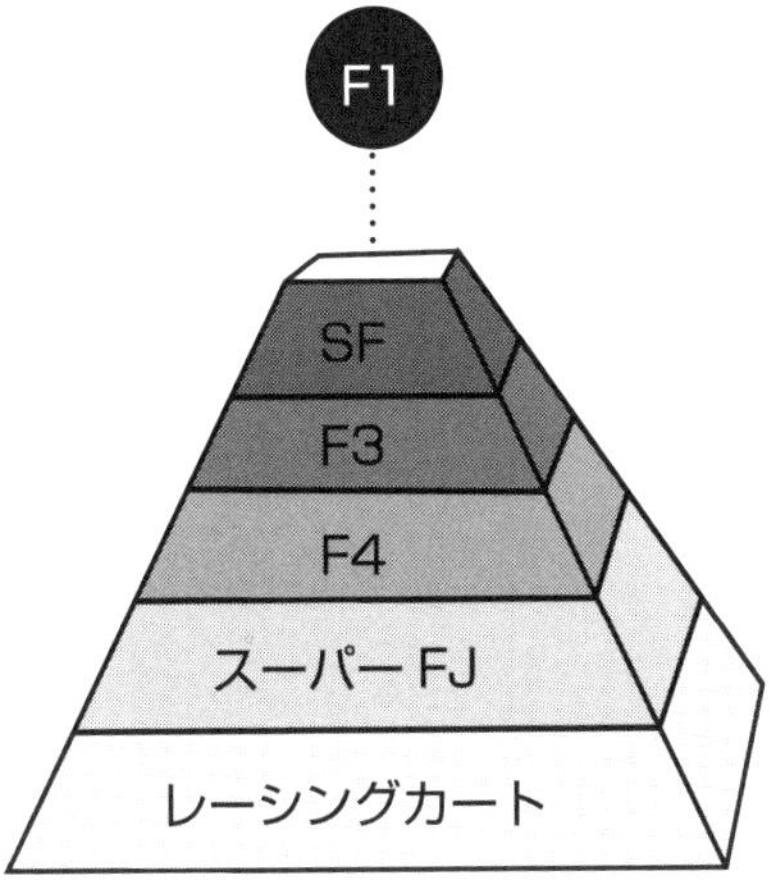

を含めても、トータルで30人しかいません。レースに参戦できるのは、基本的にはセカンドドライバーまで。つまり、20人ほどしかレースに出られないのです。

世界の人口は約70億人。そのうちたった20人しか出られないということは……。

僕はその確率を計算しようとして即座にやめました。数字を知ろうと知るまいと、果てしなく大変なことには変わりないと思ったからです。

F1ドライバーになるのは本人の素質もさることながら、チームの状況も大きく関係してきます。ドライバーの席に空きが出るのかどうか。どこの国の出身なのか。どんなマネージャーやスポンサーがついているのか。

こうしたことをすべてクリアして、初めてF1ドライバーになれるのでした。

勝負の夜

想像していた以上に大変なことに間違いはなさそうでしたが、気持ちが折れることはなく、むしろ事実を知れば知るほど、「どうしたらF1ドライバーになれるのか」という方法を考えることに意識が向いていったように思います。

覚悟を決めることで生まれるプラスのひとつは、一時的な感情に振りまわされたり、絶望したりすることがあっても、最後にはいかに課題を解決するかに意識が向かうことにあるのではないでしょうか。

「F1ドライバーになれる確率は、宝くじを当てるよりも低い」ことを僕に教えてくれた雑誌の記事には、当時活躍していたF1ドライバーが何歳からカートを始めたかということも書かれていました。

アイルトン・セナは4歳、ミハエル・シューマッハは4歳などと書いてあり、年齢が上がれば上がるほど、その人数は増えていました。

ところが、記事を読むうち、「12歳以降でカートを始めた人がＦ１ドライバーになれた確率は０・１％にも満たない」という衝撃の事実に気づいてしまったのです。

０・１％にも満たない……。当時10歳だった僕は、ハンマーで頭をかち割られたような気分になりました。

「ヤバイ！　すぐにでもカートを始めないとヤバイ！」

とはいえ、どうやったらカートを始められるのかもわかりません。雑誌を片っ端から読み漁り、血眼になって情報を探しました。

わかったのは、未経験でも始められるレーシングスクールがあるということ。そして運の良いことに、鈴鹿サーキットにもこうしたスクールが開校したということでした。

鈴鹿のスクールの校長は、日本でＦ１ブームを巻き起こした立役者のひとり、同じ愛知県出身の中嶋悟さんだったことも僕の関心を大いに引きつけました。

「ここに入るしかない！」

ただ問題は、入校には親の承諾書が必要なことでした。両親は、僕がF1ドライバーになることに大反対していたのです。

すぐにでもカートを始めなければならないにもかかわらず、お願いしたところで良い返事がもらえるとは、とても思えませんでした。

「どう言ったら、『わかった』と了解してもらえるだろう……」

「もしダメと言われたら、どうしよう……」

そこから何日も何日も悩みましたが、だからといって、あきらめるわけにもいきません。それである夜、僕は大きな勝負に出たのです。

作戦は、こうでした。あれこれ根回しをしたり、駆け引きをしたりするのではなく、思い切って真正直にお願いする！

名付けて「ザ・土下座作戦」です。

どうして子どもの僕が土下座を思いついたのかは覚えていません。ただ、さんざん悩んだ挙句、何がなんでも「わかった」と言ってもらうためには、土下座が一番という結論にたどり着いたのでした。

だからその日、家族全員での夕食が終わるやいなや、僕は椅子から飛び降りて、両親に向かって土下座をしたのです。

「一生のお願いがあります。レースを始めさせてください！」

突然の土下座に、父も母も面食らっていました。

そして僕は「ダメだ」と言われるよりも早く、「絶対にF1ドライバーになるということ」「みんなカートレースからスタートしているということ」「12歳以降にカートを始めてF1ドライバーになった人はいないということ」「つまり、今がラストチャンスということ」を床に頭を擦り付けながら伝えたのでした。

ところが、予想通りですが、父も母もまったくもって了解してくれません。一度そうと決めたら曲げない頑固な親と、その血を引く僕。頑固と頑固のぶつかり合いで、どんよりとした重たい空気が次第に部屋を制圧していきます。

どうして「わかった」と言ってくれないのだろう……。

僕は、悔しい気持ちでいっぱいでした。そこから、どれくらいの時間が経ったでしょう、頭を擦りつけていた僕に、最後に助け舟を出してくれたのは母でした。

学校を休まないこと。成績を落とさないこと。

この2つを条件に、なんとレーシングスクールに入ることを承諾してくれたのです。

奇跡が起きました。

「わかった」と言ってもらえるまで土下座をやめないつもりでしたが、その一方で「了解してもらえないかも」という不安もあったので、母が折れてくれたときには、うれしさもありましたが、それ以上に「これで前に進める」とホッとしたのでした。

ただ、気がかりなのは父でした。

母が条件を提案してくれている間も、腕組みをしたまま僕を見つめています。長い沈黙の後、静かにこう言いました。

「お父さんは一切関与しない」

そう言って部屋を出て行ってしまったのでした。身内に応援してもらえない空しさ。

僕はひどく失望しました。

覚悟とは悟り

それにしても人は、人生のうちで何度、覚悟を決めるのでしょうか。

覚悟という言葉をあらためて辞書で調べてみると「危険なこと、不利なこと、困難なことを予想して、それを受けとめる心構えをすること」とあります。

どうやら覚悟は、その先に危険や困難があることが前提のようで、たしかにF1ドライバーになるまでの道のりは決して平坦なものではありませんでした。

あるときには、ドライバーのオファーをいただいて「やっとチャンスが巡って来た」と期待したところ、後になって別のドライバーに決まってしまったという、泣きたくなるようなこともありました。

ヒマラヤに登りながら荒波を乗り越えていくような毎日で、精神的にも肉体的にもタフでなければ務まらなかったように思います。

目の前の現実と感情を切り離して、レースの結果や想定外の出来事にいちいち心を乱されないようにしていた日々は、今振り返れば、悟りのような境地でした。

もともと仏教において、覚悟の「覚」の字は「さとりの知恵（智彗）」という意味があり、「悟」は「さとる」、つまり、「物事の真理や道理をはっきり知る」という意味があります。

つまり、覚悟とは「悟り」でもあるのです。

ブッダを始め、たくさんの伝統的な教祖たちは、悟りを開くために大変な修行に耐えたわけで、それくらい、「悟り」は簡単には開くことができないものです。

もし、簡単に「悟り」を開けるなら誰も苦労しないでしょう。

だから、なかなか覚悟を決められないのはごく自然なことですし、逆に勢いにまかせて覚悟を決めたとしても、それは真の意味での「覚悟」とは言えず、悟りの境地にはたどり着けないでしょう。

そう考えると、覚悟を決めるまで悩んだり、考えたり、もがいたりする時間は欠かせないものでしょうし、この時間が長くなったとしても、悲観することはないように思います。

同じタイミングで複数の植物の種を土の中に埋めたとしても、芽を出すまでの時間はその種によって違うものです。

たった数日で芽を出す種もあれば、100日以上も地中でじっと発芽のタイミングを待つ種もあります。

つい「早く芽が出てほしい」と思ってしまうものですが、早く芽を出す種が良いとは一概には言えません。地中という目に見えない世界で、水や空気、適度な温度などを得て、発芽に必要な準備をじっくり整えているのです。

覚悟を決めることも、これと似ています。

悩みもがく時間に、目安などありません。必要な情報を集めるのに時間がかかることもあるでしょう。

植物が発芽に必要な準備を重ねていくように、僕たちもさまざまな準備を重ねて、覚悟にたどり着くのではないでしょうか。

レーシングスクールに通い始めた僕は、夢への第一歩が踏み出せたことにワクワクしていました。

ただ、その一方で、思い通りに物事が進まなかったり、気が急いたりして、悩むこともありました。

大きな悩みのひとつは、どうやって練習時間を確保するかでした。コースを走る際のマナーやルール、フラッグの種類や意味など、モータースポーツの基礎を学びながら順調にステップアップして、公式戦にも参加できるようになっていたのですが、いかに練習時間を確保するかでいつも悩んでいました。

他のライバルたちのほとんどは、レースに参加するときには金曜日のうちに現地入りして、コースで練習をしていたのですが、僕は土曜日に学校の授業が終わってから移動していたので、圧倒的に練習時間が不足していたのです。

とはいえ、学校を休まないことが約束だったので、文句や不満を言うわけにもいきません。

どうしたらサーキットにいなくても速く走れるようになるのか。

悩んだ末に思いついたのは、頭の中でカートを走らせることでした。つまり、学校にいるときも、家にいるときも、常に頭の中でレースのシミュレーションをするのです。

実際のコースやマシンを隅々まで思い出して「このコーナーはここでブレーキを踏

1992年。鈴鹿サーキットスクールに入校するよりも前の10歳のとき。

んで、直線ではこうやってスピードを上げて……」というように、かなり具体的なところまでイメージするようにしました。

片手にはストップウォッチを持って、頭の中でカートを走らせます。そして、ゴールしたと同時に時計を止めて、1周何秒だったかを確認。それが想定していたラップタイムと0・1秒でもずれていたら、何度も何度もやり直しました。

これを繰り返すうち、やがて、頭の中の想定タイムとストップウォッチの時間はほぼ重なっていきます。こうなると実際にハンドルを握るときには、もうイメージできていないことは何ひとつない状態になっていました。

練習時間の不足をこうして補っていたのですが、この方法はF3やF1へと進んでいくときにもかなり役立ちました。

種が土の中で水や空気などを得るように、僕も悩み、考え、立ち止まる時間の中で、自分ならではの練習法を得ることができたのかもしれません。

覚悟の連鎖

僕は、こんなふうにしてF1ドライバーへの一歩を踏み出しました。

レーシングスクールに入校して何が一番変わったのかと言えば、まわりの反応でした。それまでは福祉村で遊んでいると、まわりの人たちに「左近くんは将来、お医者さんになるんだよね」などと、よく声をかけられました。

それがスクールに通い始めて「将来、F1ドライバーになる」と言い続けるうち、僕が本気でF1を目指していることが周囲に伝わったのか、「お医者さんになるんだよね」とは言われなくなったのです。

あの土下座の日以来、母は僕の一番の理解者となり、スクールの費用を用立ててくれただけでなく、土曜の授業が終わる12時頃に車で学校まで迎えに来てくれて、そのままサーキットに送り届けてくれたのでした。

当時、母も仕事で相当に忙しかったはずですが、鈴鹿までの片道2時間の運転手を毎回、引き受けてくれたのです。

覚悟は連鎖します。

ひとりの強い思いはやがて周囲の期待を生み出し、応援というかたちで自分に還ってきます。

これが責任やプレッシャーになることもあるかもしれませんが、決して卑屈になったり、弱気になったりせず、それらを受け止めることができれば、期待や応援は間違いなく、夢を叶えるための大きな力になります。

もちろん、心が折れそうなこともあるでしょう。そうしたときには、いかに自分を奮い立たせるか、いかに前を向くかです。


僕の場合、それがメシでした。

覚悟を決めるとき、覚悟が揺らぎそうなとき、僕は街へ出て、何か特別なものを食べるのではなく、いつも自分の家でメシをつくってきました。

あるときはハンバーグ、あるときはパスタ、あるときはシュニッツェル、あるときは……。

「腹が減っては戦はできぬ」とも言いますが、僕にとって、それぞれの「メシ」には自分を奮い立たせる記憶がスパイスのように入っているので、いつしかそれらを「覚悟メシ」と呼ぶようになりました。

たとえばハンバーグです。

ハンバーグ発祥の地・ハンブルグに行ったとき、「せっかくだから、元祖のハンバーグを食べてみよう」と思い立ち、たまたま近くにあったレストランに入ったのでした。

ところが、「ハンバーグをください」といっても話が通じません。

それもそのはず、もともとハンバーグに似た料理はこの地にあったのですが、僕らが想像するハンバーグは18世紀以降にドイツ系移民によってアメリカにもたらされ、そこで「ハンブルグ風のステーキ＝ハンバーグ」となったのでした。

店のメニューを見ても、たしかに「ハンバーグ」という文字はどこにもないので、僕は隣のテーブルの人が食べているハンバーグに似た料理を指差して、「あれと同じものを」と注文しました。

ほどなくして運ばれてきたそれは「フリカデレ」という料理で、見た目はハンバーグとほとんど同じなのですが、食べてみると、かためのの食感で粗いものでした。

僕はそれを食べているうちになぜか懐かしさが込み上げて、「なんだろう」と記憶をたどってみたところ、正体は母のハンバーグでした。

そのフリカデレは、パン粉などのつなぎを使っていないせいか、ハンバーグと比べると、かための食感だったのです。

母のハンバーグは、パン粉は使っているものの表面に焦げ目が付くように焼いていたので、どこか男らしく、しっかりとした食感だったのです。僕はそれが大好物で、お弁当のおかずがハンバーグだと知ると、とてもうれしい気持ちになっていました。

異国の地で、偶然にも再会した野性的で男らしい母のハンバーグ。それ以来、ハンバーグは僕にとって「覚悟メシ」になり、なぜか思い出したように時折、「ハンバーグ」をつくるのです。

これを食べると、毎回2時間かけて鈴鹿に通っていた頃のことが蘇ってきて、強い気持ちを取り戻せるのでした。

話を戻しますが、覚悟は連鎖します。

だから、覚悟は自分ひとりのものではなく、自分以外の誰かのものでもあります。

僕の場合もまさにそうで、覚悟を決めたことで、まわりが期待や応援を寄せてくれるようになったのです。

ただ、相変わらず父だけは、レースを見に来ることも練習を見に来ることもありませんでした。

ハンバーグのつくり方

材料(2人分):

合挽き肉　３００ｇ　玉ねぎ　１／２個　溶き卵　１個
パン粉　大さじ４　塩·こしょう　適量
ナツメグ(あれば)　適量　ウスターソース　大さじ３
トマトケチャップ　大さじ３　油　適量

作り方:

1　玉ねぎをみじん切りにする。
2　ボウルに合挽き肉を入れ、手でよく練る。玉ねぎ、溶き卵、パン粉、塩·こしょう、ナツメグ(あれば)を加え、全体が均一になるようによく混ぜる。
3　タネを２等分する。手に取り、キャッチボールするようにして空気を抜き、楕円形に形を整える。もうひとつも同様につくる。
4　フライパンに油を熱し、中火で表面に焼き色をつける。裏返して火を弱め、ふたをして弱火で５～６分蒸し焼きにする。
5　肉を皿にあげる。フライパンにウスターソースとトマトケチャップを加え、肉汁をこそげとるようにしながらソースをつくる。ハンバーグにソースをかけて出来上がり。

ポイント:

タネはよく練ること。肉に粘り気が出るくらいよく練ると、肉汁が閉じ込められ、ジューシーに仕上がります。また、肉同士がきちんと結着するので、焼いたとき、表面にヒビが入りません。僕は牛肉70%、豚肉30%の割合が黄金比だと思っていますが、もっと脂を抑え、ワイルドな味を楽しみたいときには牛肉１００%でも良いのかもしれません。

第2章
原風景の覚悟メシ
「トマトソースのパスタ」

原風景のトマトパスタ

新鮮なトマトに包丁で軽く十字に切れ目を入れて、沸騰した湯の中に入れる。切れ目から自然と皮が剥けてくる。

鍋からトマトを引き上げ、ていねいに皮を剥いていく。

トマトを細かくカットして、種の部分も一緒に鍋でさっと煮詰める。

タイミングを合わせて茹で上げたパスタに、トマトソースをかける――。


トマトソースのパスタは、僕にとってちょっと特別な覚悟メシです。そこには「海外に出る」と覚悟を決めた当時の原風景があるからです。

前章で「覚悟にふたつの選択肢などない」とお伝えしましたが、不安や恐れがある限り、なかなか覚悟を決められないでしょう。

また、「もう迷わない」「腹をくくった」などと思っても、期待通りの結果が出なかったり、ミスが続いたりすると、どこかで迷いは生じるものです。

「やっぱり無理なんじゃないか……」

「あきらめるしかないのか……」

「自分はもうダメだ……」

　こうしたマイナスの感情に襲われるのはごく自然なことで、僕もF1ドライバーを目指してドイツで暮らしているときには、「生きている価値はないんじゃないか」などと思うほど、精神的にかなり追い詰められていた時期があります。


　2002年。ドイツへ渡ってデュッセルドルフを拠点とし、F1ドライバーになるためのステップを踏んでいたのですが、ここからの2年間はどん底でした。

　高校2年のときに、カートレースで全日本チャンピオンになったのを皮切りに、僕はレーシングカートからF3へと、着実に階段を上がっていました。

　順風満帆だったわけではありませんが、環境に適応するのはもともと早いほうですし、たとえ試合に負けても、原因や課題を見つけ出して乗り越えることができていたのです。

　ただ、ドイツ語がほとんどわからない、チーム関係者以外に知り合いはいない、何よりも成績が伸びてこない……。そのうちあせりも出てきて、落ち着いて考えようにも考えられなくなっていったのです。

こうした状態がしばらく続くうち、あせり過ぎて平常心を失ってしまい、頑張れば頑張るほど冷静でいられなくなっていきました。

それまでは自分から親に電話をかけることなどほとんどありませんでしたが、とにかく誰かと話がしたかったのでしょう、友人に電話するのはもちろん、この頃は用もないのに日本にいる親にも電話をかけるようになっていました。

もちろん電話したところで取り立てて話すことなどありません。「元気?」「最近はどう?」「何か変わったことはない?」などと他愛のない話をするだけで、時間だけがただ過ぎていました。

ドイツの冬は、毎日分厚い雲が街を覆って、日照時間はごくわずかです。色でたとえるなら、透明感がまったくないねずみ色のような冬です。

冷たい雨が降ることも多く、いつしか僕は、毎日の生活で誰かと笑顔で話したり、冗談を言い合ったりする時間を失っていました。

まるで、空を覆う分厚い雲が心にもなだれ込んで来るかのように鬱々とし、喜怒哀楽の感情がなくなっていたのです。

そんな時間が延々と続いたある日、気分を変えるつもりでブラブラと街へ出かけました。

そのとき、真っ赤なトマトがスーパーで売られていることに気づいたのです。このときのトマトのあまりの赤さに驚いたことを覚えています。

僕はなぜかそのトマトを買って帰り、何となしにトマトソースのパスタをつくり始めたのでした。

予選落ちで固まった覚悟

「18歳になったらF3に出たい」

中学生の頃、僕はかなり強い気持ちでそう思っていました。当時は今と違って、フォーミュラレースに出るためには運転免許が必要だったため、最短でF3のレースに出られる18歳を目標にしていたのです。

夢を抱くというレベルでなく、本気でF3に上がるつもりでいたので、全日本カート選手権や海外のカートレースにも参戦して力を養っていました。

15歳のときには、元F1ドライバーの鈴木亜久里さんとオートバックスが提携して設立された「F1ドライバー育成プログラム」(AUTOBACS　RACING　TEAM　AGURI)のメンバーに選ばれ、高校生のときに通っていたフォーミュラスクールでは、成績優秀者のスカラシップにも選出されたのです。

そして、まさに18歳のとき、トップチームであるトムスから「うちのチームで乗らないか」と声をかけてもらい、全日本F3選手権へ参戦(2001年)して、日本人最高位のシリーズ4位になることができたのでした。

こうお話しすると、順風満帆に聞こえるかもしれませんが、実は「18歳でF3に出たい」と本気になるキッカケがあったのです。それは、中学2年のときに出場したジュニア世界選手権でした。

ベルギーで開催されたこの選手権は15歳未満のドライバーが集うレースなので、僕は「絶対に出場したい」と思っていたのです。そこで、知り合いのツテでCRGとい

1996年。14歳。ベルギーの世界選手権に出場したときのチームメイトとともに。

うイタリアの名門チームから出場することができました。

ところが結果は予選落ち。チームも初めて、サーキットも知らない、事前練習もなし……。圧倒的な準備不足でした。

この敗戦は悔しさもありましたが、予選落ちしたことによって「絶対にF1ドライバーになる」という覚悟をあらためて強めることになったのです。

というのも、日本で開催されるレースは、当時1位から50位までが2秒の間に並ぶことがほとんどでしたが、国際レースではわずか1秒の間に50台がひしめき合っていることも少なくなかったのです。

わずか0・1秒の違いで、順位がまるで違ってくるのでした。

「厚みが違う……。世界で戦うためには日本にいたのではダメだ」

そう感じました。だから、中学を卒業したらイタリアへ渡るつもりで、ベルギーでおこなわれた世界選手権から帰るとすぐにイタリア語を覚えようと、豊橋中で先生を探しました。

このときに見つかった先生がウンベルトさんというイタリア人で、言葉だけでなく、パスタの絶妙な茹で方や、おいしいトマトソースのつくり方まで教えてくれたのです。

前述したトマトソースのつくり方は、ウンベルトさんから教わったものです。

トマトソースのパスタは、トマトホールを使えば簡単な料理ですが、ウンベルトさんは違っていました。

料理に一手間も二手間もかける人で、ソースには新鮮な生のトマトだけをぜいたくに使っていたのです。

火を通しすぎないように神経質になっているウンベルトさんの真剣な表情――。

トマトを煮詰めていく湯気――。

イタリア製の家具をしつらえた暖かな部屋――。

あれから20年近く経ちますが、これら一つひとつが僕の脳裏にくっきりと焼きついていて、「1秒でも早く海外に行きたい」「F1ドライバーになりたい」という当時の高鳴る気持ちと合わさって、覚悟を決めた原風景のように心に残っています。

高鳴りの覚悟メシ

　スーパーで買った真っ赤なトマトを煮詰めながら、僕は思い出すでもなく、ウンベルトさんのことを考えていました。

「調味料は塩ひとつまみだけね」

「にんにくと玉ねぎを入れると風味が増すよ」

「パスタは10秒長く茹でただけで食感が変わるから、最後の1分は一瞬たりとも鍋から離れてはいけないよ」

「パスタが茹で上がるタイミングと、トマトソースが完成するタイミングをそろえて！」


　ドイツの部屋でひとり、グツグツと煮詰まっていくトマトを眺めているうち、僕はまるで豊橋にあるウンベルトさんの家にいる錯覚に襲われていました。

　と同時に、なぜか分厚い雲の隙間から一筋の光が差してくるような胸の高鳴りも感じていたのです。

ドイツへ来て以来、久しく感じていなかったその高鳴りは、14歳の夏、ベルギーで行われたカートレースの世界選手権で予選落ちして、「絶対に世界レベルの選手になってやる」と誓いを立てたときのそれに似ていました。

運命というのはわかりません。

ウンベルトさんに出会っていなかったら、僕はトマトソースのパスタのつくり方を学ぶことはなかったでしょうし、あの日、スーパーで真っ赤なトマトを見つけなかったら、ドイツでいつまでも鬱々とした毎日を送っていたのかもしれないのです。

このとき以来、僕は何度もトマトソースのパスタをつくるようになり、そして、あの日と同じ胸の高鳴りを感じるようになったのです。

トマトソースのパスタが、僕にとってちょっと特別な覚悟メシになったのは、ドイツ時代のこうした経緯もあり、何かに行き詰まっているときにつくることが多いからかもしれません。

レースで思うような結果が出ないときや、チームの仲間とうまくコミュニケーションが取れないときなど、悶々とするとトマトを買ってきて、パスタをつくっていたのです。

本気で覚悟を決めたとしても、気持ちを揺さぶられるようなことは何度も何度も起こります。そうしたとき、僕にとってトマトソースのパスタは、いつかの高鳴りを思い出させてくれる貴重な一品になっています。

振り返ってみると、人生でもっともよくつくっているのが、トマトソースのパスタかもしれません。

ときにはトマトだけでなく、ハンバーグをつくったときに残ったひき肉を混ぜてボロネーゼソースをつくり、ボリュームを出すこともありますが、僕はトマトとパスタだけというシンプルなこの料理が大好きです。

トマトソースの赤とパスタの白というとてもシンプルな見た目で、飾り付けはバジルをのせる程度。あとは、最後にパルメザンチーズをすりおろすくらいです。

シンプルだからこそ、料理をするときのコンディションや気分、ストレス、睡眠状態などで、はっきりと味が変わります。「ヴォーノ！」と声を上げたくなるときもあれば、ひと味足りないと首をひねってしまうこともあるのです。

2002年。19歳。ドイツでどん底だった頃。

8割は偶然のなかで

ほんのちょっとしたことでトマトソースの味が変わってしまうように、人生にも「振り返れば、あれが分かれ目だった」と思えることが起こります。

こうした分かれ目は、いったい何に影響されているのでしょうか。

たとえば、勤めている会社を辞めて起業したいという方はたくさんいます。でも見ていると、本当に起業する方がいる一方で、会うたびに「起業したい」と言うものの一歩を踏み出さない方もいます。起業する方とそうでない方、その分かれ目には何があるのでしょうか。

また、実際に起業した後、うまくいく方もいれば、そうでない方もいます。その分かれ目には何があるのでしょうか。うまくいく方は努力していて、そうでない方は努力が足りないのでしょうか。

今、僕は医療や福祉の現場にいることが多いのですが、施設に入所されている高齢者の方を見ていても、やはり分かれ目について考えることがあります。

80歳を超えて自分の足で元気に歩かれる方がいる一方で、車椅子や杖を頼りに生活している方もいらっしゃいます。

こうした違いは、いったいどんなことが分かれ目になっているのかということです。しっかりと調べていけば、遺伝子や既往歴、それまでの生活環境など、分かれ目に影響を与えたと考えられる要因は出てくるのかもしれませんが、おそらく「これだ」というような決定的なものは見つからないでしょう。

それよりも僕らの手には負えない何か、それは「運命」と言って良いのかもしれませんが、努力や意志などを超越したもっと大きな力が、分かれ目に作用していると考えることもできます。

何のつながりもなさそうなところに普遍性や再現性を見つけ出し、法則に落とし込んでいくことは、ものごとを円滑に進めていくうえでのコツです。

とくに期待しているような結果が出ていないときには、闇雲に押し通すよりも一旦立ち止まって、現状を分析したうえで法則に照らし合わせることは大いに役立ちます。どんなことにおいても、うまくいくにはうまくいくやり方があるからです。

ただ、その一方で、法則が当てはまらないケースやシチュエーションがあるのもまた人生です。

覚悟ということで言えば、覚悟を決めるためのうまいやり方がある一方で、無理に覚悟を決めようとしなくても、自分の意志とは別の次元で覚悟が決まっていく、ということもあります。

それこそ、セナが初めてのワールド・チャンピオンに輝いた1998年の鈴鹿に、6歳の僕がいたように。

スタンフォード大学のジョン・D・クランボルツ教授は、個人のキャリアがどのように形成されるのか研究した際、ある理論を考案しています。「計画された偶発性理論（プランドハップンスタンスセオリー）」です。

この理論を一言で言えば、「個人のキャリアの8割は、予想しない偶発的な事象によって決定される」となります。

ある調査によると、18歳のときになろうと考えていた職業に実際に就いた人というのは、全体の8％ほどしかいないそうです。

そして、成功している経営者やビジネスマン、学者たちにインタビューをすると、子どもの頃になりたかった職業とは別の職業に就いているケースが多いとのことなのです。

「振り返れば、あの人との出会いがきっかけとなって、今の仕事を続けている」
「思い起こしてみると、あのプロジェクトにかかわったことが、今の仕事につながっている」
「あの日、偶然そこに居合わせたことが、この仕事を始めるきっかけになった」

こうした話は珍しいことではありません。ある人との出会い、偶然のプロジェクトなどがなかったら、その仕事を選ばなかったかもしれないですし、まったく違ったキャリアを歩んでいたかもしれないのです。

クランボルツ教授は「こうした出来事は非常によくあることで、個人のキャリアは8割が偶然によって決まる」と言っています。

自力でなんとかできる2割

クランボルツ教授の理論は、もともと「今を大事に今できることを積み上げていこう」という考えがベースにありますが、キャリア設計については、大きく分けて2つの考え方があるように思います。

ひとつは「初めにゴールを定めて、そこに至るステップを設定する」という考え方、そして、もうひとつは「今できることを確実に積み重ねていく」という考え方です。

たしかに、自分の興味や適性、能力、可能性、周囲の環境などを総合的に分析して、それに基づいて目指すべきゴールを設定したり、そこへ至るステップをはっきりさせたりすることは、ゴールに到達するのにとても有効な方法かもしれません。

実際、20世紀まではそのようなキャリア論が一般的で、「自分のキャリアは自分自身が計画し、意図的に職歴を積み上げていくべき」という考え方が一般的でした。

ところが、変化のスピードが激しい今は、そうはいきません。

ＧｏｏｇｌｅやＡｍａｚｏｎなどの企業が誕生することを想像できなかったように、10年後の未来さえ想像できない現代においては、自分の意志や環境でキャリアを形成するには限界があるわけです。

むしろ「今」に重点を置いて、今できることを着実に重ねていくほうが、キャリア形成につながるようにも思います。

これがクランボルツ教授の「計画された偶発性理論」です。

未来ばかり見ていたのでは、今の現実との乖離に悩んだり、苦労したりするかもしれません。また、未来にこだわるあまり、今への認識が甘くなって判断を誤ってしまう可能性さえあります。

だから、あらかじめ「人生の8割は予想できない偶然でできている」と考える。そうすることで、今に集中できるようになります。

偶然が8割を占めるということは、自分の意志でなんとかできるのは2割です。

ここで大切なことは、「自分の意志でなんとかできるのは2割しかない」と考えるか、それとも「2割もある」と考えるかではないでしょうか。

よく言われるたとえですが、コップの水が「半分しかない」と考えるか、「半分もある」と考えるかで大きな違いが出ます。

自分の人生を「自力でなんとかできるチャンスは2割もある」と考えると、偶然が支配する8割と、自力でなんとかできる2割は、こんな関係になるのではないでしょうか。

人生というなだらかな道の向こうに、自力でなんとかできる2割の小さな石があります。

そして、そこから少し離れたところに偶然が支配する8割の大きな石があります。さらに人生の節目になっていくと、この8割の石の先に「覚悟」という石が現れてきます。

このとき、自力でなんとかできる2割の石をうまく転がすことができれば、自然と8割の石にぶつかります。

ちょうどビリヤードの球が次の球を動かすように、2割の石によって押された8割の石はゆっくりと転がり、やがて「覚悟」の石にぶつかっていきます。

つまり、いくつかの石がぶつかって影響を与えることで、人生が動き出す。その結果として、覚悟が決まるということです。

では、どうしたら自力でなんとかできる2割をうまく転がせるのでしょうか。

好奇心を持って主体的に取り組むことや楽観的でいることなど、コツはいくつかあるように思いますが、何よりも大切に思うのは、あきらめないことです。僕はそう思います。

最後に成功する人というのは、結局のところ、最後まであきらめなかった人だからです。

3つ目の箱

人生には「白い箱」と「黒い箱」があります。

何かをやるかやらないかで迷っているとき、僕らの前に白い箱と黒い箱が置かれているとします。そして、やると決めるのは、その選択肢を白い箱に投げ込み、反対にやらないと決めるときには黒い箱に投げ込むようなことです。

人生は白か黒か、二者択一で進んでいきます。やるかやらないか。0点か100点かの考え方です。

これは真理ではありますが、自分自身に苦しみを課す生き方とも考えられます。選択しなかった片方を完全に捨て去らなければならないからです。

ダイエットをしている人が、それまでずっと甘いものを我慢していたのに、「もうどうなってもいい！」と、あるとき爆発してやけ食いをしてしまうことがあります。食べるか食べないか。この二者択一で、どちらを選択するにしても、やはりどこか苦しいわけです。

20代の中頃、二者択一の苦しさに気づいた僕は、白と黒の間には「グレーの箱」という3つ目の箱があると思うようにしました。

つまり、そのときに判断できないことに対して、一旦、グレーの箱に入れておくということです。グレーの箱は、保留の箱です。

やるかやらないかの間に、「保留」という箱を置くことで、選ばない選択肢をあわてて捨てる必要がなくなります。

ダイエットでたとえるなら、食べるか食べないかで選択するのではなく、「今日は仕事を頑張ったからケーキを食べてもいい」「お祝いの席だから食べてもいい」などと、そのときどきでガス抜きすることで、ストレスを膨らませることを回避できるようにもなります。

かつての僕には、グレーの箱がありませんでした。

F1ドライバーを目指そうと覚悟を決めてから、たくさんのことを決断したつもりですが、その一方で、自分だけではどうにもならないことがあまりに多かったのも事実です。

どれだけ白黒つけたいと思っても、環境や状況が許さず、仕方なく保留の箱に入れざるを得ないことが何度もありました。

こうしたとき、早く決着をつけたくて最初は悶々としていたのですが、グレーの箱を想像するようになってからは、心の落ち着く場所を見つけられたように思います。

今では、白、黒、グレーという3つの箱を、いつも心の中に置いています。

一旦、グレーの箱に入った選択肢は、然るべきタイミングが訪れると、おのずと白または黒の箱へ移動していきます。

あれほど「やる」「やらない」の決断で迷っていたことが信じられないくらい、そのタイミングではまるでベルトコンベアーで運ばれていくように、ピタリとあるべき場所に収まっていくのです。

僕は「長寿のＭＩＫＡＴＡ」(https://chojumikata.com) というＷＥＢマガジンを運営していますが、この立ち上げが、まさにグレーの箱から白い箱へという流れでした。

「長寿のＭＩＫＡＴＡ」は人生１００年時代の幸せを創造することをコンセプトとしており、創刊は２０１７年の10月になります。

ただ、実際はこの2年前に一度サイトを立ち上げたのですが、すぐ継続できず、グレーの箱に入れたまま一時中止にした状態だったのです。

グレーの箱から白い箱に移したのは、それから1年ほど経ってからのことでした。そのときには中心となって動いてくれる仲間も見つかり、ＷＥＢマガジンのコンセプトやデザインなども、スムーズに決まっていったのでした。

「啐啄同時《そったくどうじ》」という言葉があります。

「そつ」とは、ひなが内側から卵の殻をつつくこと。そして、「たく」とは親鳥が外側から殻をつつくことを言うのですが、ふたつのタイミングが揃って初めて、ひなは卵の殻を破り、外の世界へ生まれてくることができます。

まだ、ひなが内側からつついていないのに、親鳥がせっかちに殻を破ろうとしても、ひなはちゃんと生まれてきません。

反対に、ひなが内側からつついても親がそれに気づかなければ、ひなのひ弱な力では殻を破ることができないのです。

人生にも、このようなタイミングがあるように思います。言い換えれば、それがベストのタイミングということです。

ベストのタイミングというのは、残念ながら、自分が決めたいタイミングでいつもやって来るとは限りません。啐啄同時というように、他者とのタイミングがそろって初めてベストとなるのです。

もし、覚悟を決めなければならないことが目の前にあって、どれだけ考えてもなかなか決断できないとき。ひょっとすると、それはまだベストのタイミングではないのかもしれません。

〝right people in the right place at the right time.〟

これはF1時代によく耳にした言葉です。日本語に訳せば、「適時、適所の適材」となるでしょうか。

つまり、「タイミング」「場所」「人」。この3つが正しく揃わないと、物事はうまく進まないということです。

どんなに大きなチャンスが巡って来たとしても、それを活かす力を持った人がいなければ無駄になってしまいます。反対に、どれだけ力のある人であっても、それを活かせるシチュエーションがなければ力を発揮できません。

言い換えれば、「タイミングと場所」によってチャンスはつくられ、それをつかむかそうでないかは「人」となるのではないでしょうか。

日本語にも「機が熟す」という言葉があるように、行動を起こすには「機」、すなわちタイミングがあります。歴史を振り返ってみても、機を捉えた武将は必ず名を残す活躍をしています。

なかなか覚悟が決まらないときには、つい「実力が足りないから」「優柔不断だから」「条件がそろわないから」と、覚悟が決まらない理由をどこか他に探そうとしてしまいがちです。

でも事実はそうではなくて、たんに「今じゃない」という、ただそれだけの可能性もあります。そんなときは、あせっても仕方ありません。

どれだけ悩んでも覚悟が決まらないことは、一旦、グレーの箱に投げ込んでおく。ベストのタイミングが来れば、おのずと覚悟は決まります。

トマトソースのパスタのつくり方

材料(2人分):

パスタ　200g　完熟トマト　3個　にんにく　2かけ
玉ねぎ　1/2個　オリーブオイル　適量　岩塩･こしょう　適量
パルメザンチーズ　適量　バジルの葉　適量

作り方:

1　大鍋で湯を沸かし、大さじ2杯の岩塩を溶かす(分量外)。
2　トマトに十字の切れ目をつける。小鍋で湯を沸かし、トマトをサッとひたしてから冷水にとり、皮を剥く。
3　トマトを1センチ角にカットする。
4　フライパンにオリーブオイルを入れ、輪切りにしたにんにくを入れ、弱火でローストする。
5　次に、みじん切りにした玉ねぎを加え、あめ色になるまで中火で炒める。
6　湯むきしたトマトを加えると同時に、パスタのゆで汁を加える。
7　パスタを表示されているよりも少し早めに鍋からあげる。トマトソースのフライパンにパスタを加え、よく絡める。
8　パルメザンチーズをすりおろし、バジルの葉を飾って出来上がり。

ポイント:

一番大事なのはパスタの茹で加減。これがドンピシャで決まれば絶対に失敗しません。パスタが茹で上がるときには、トマトソースも仕上げておく必要があります。生のトマトを使わず、ホールトマトやカットトマトの缶詰を使っても良いのですが、できれば完熟の生のトマトでつくり、フレッシュなトマトならではの酸味を味わってください!

第3章
願掛けの覚悟メシ
「シュニッツェル＆ラタトゥイユ」

カントの知・情・意

友人から「なかなか覚悟を決められない」と相談を受けることがあります。

その内容は「会社を辞めたいのだけど、その後のことが……」という仕事絡みのことから、「結婚を考えているのだけど踏ん切りがつかない……」というプライベートなことまでありますが、僕はいつも引っかかりを感じてしまうのです。

自分だけで考えて視界が開けないときには、誰かに背中を押してもらいたかったり、話を聞いてもらいたかったりするものですが、そもそも覚悟を決めようと悩むことそのものが違っているように感じます。

僕は「F1ドライバーになる」と決めたときも、「医療介護の道へ進む」と決めたときも、覚悟を決めようと思って覚悟したことはありません。

覚悟を決めるよりも先に、「覚悟が決まっていた」のです。

覚悟が決まるときには、心配や不安があっても、純度100%の「やりたい」「やってみよう」という気持ちになっています。今の仕事ももちろんそうです。

F1は世界最高峰のテクノロジーが結集した世界で、そのど真ん中で闘ってきた僕は、エビデンスに基づいて、科学的にアプローチする大切さを学びました。そうしたエッセンスを医療や介護の世界に取り入れることは、とても挑戦しがいのあることだと感じています。

よく、「介護の業界は大変でしょう」「レースの世界と違って地味だから本当はイヤなんじゃない？」「両親の跡を継ぐなんて親孝行ね」などと言われるのですが、そんなことはありません。やってみたいと思ったから、やっているのです。

父や母のためにという気持ちだけでやれるほど甘いものではないですし、自分自身の「やりたい」「そうしたい」という意志がなければ覚悟は決まらないでしょう。では、友人たちには「そうしたい」という意志がないのかといえば、そうではありません。

会社を辞めたい、結婚したいという「そうしたい意志」はたしかにあるようですが、覚悟が決まらないのです。

以前、集客を専門とするコンサルタントの知人から「どうやってお客様を集めるかではなく、お客様が自然に集まることを考えるのが大事」と聞いたことがありますが、覚悟もこれと同じ理屈ではないでしょうか。

つまり、どうやって覚悟を決めるかではなく、覚悟が決まることを考えるということです。


18世紀に活躍したドイツ人哲学者・カントによれば、人間の心には「知」「情」「意」という3つの働きがあるとのことです。

カントは「知」「情」「意」の3つがバランス良く、相互に関連しあってこそ、人間は力を最大限に発揮できると言っていますが、このことは覚悟が自然に決まることにも通ずるように思います。


「知」とは物事を認識したり、判断したりする能力のことで、単純に「知っている」という事実だけではなく、仏教用語でよく使われる「智」、すなわち、「智恵」や「悟り」のことも指します。

わからないことや知らないことに出合うと、好奇心が生まれて、もっと深く知ろうとしたり、探求したりしようとします。そして、自分なりに成果を積み重ねて、さらに知識を増やすために行動をします。

そうやって学んだことは「智恵」となり、迷ったり困ったりしたときには自らを助ける道標となります。学びが行動を変えていく。これが「知」の働きです。

次に「情」とは物事に反応する心の動きや気持ち、誰かに対する思いやりを指します。

人は喜びや怒り、悲しみ、楽しみ、愛しさ、憎しみ、欲望といった7つの感情に動かされやすいので、これをしっかりと感じ取ったうえで、どのように対応するか、コントロールするかが、この「情」における働きといえます。

「意」とは感情を分析・整理・統一して、意志や意欲にまで高める働きのことです。

もちろん、「意」ばかり強くて、「知」や「情」が不足していると、無知であったり、人の気持ちに寄り添うことができなかったりして、調和は難しくなるでしょう。反対に「意」が弱ければ、いつも根なし草のようで、自分の立ち位置は定まりません。

それぞれについて、さらに考えてみましょう。

「知」──正しく知り、正しく行動する

知らないことを知ることが「知」の最初の段階ですが、ここでは「正しく知る」ことが大切に思います。正しく知らなければ、正しく行動できないからです。

僕の知人に、日本の会社を辞めて、海外で日本語の教師をしようか迷っている女性がいました。大学時代に日本語教育について学び、「いつか海外で日本語教師をしてみたい」と夢見ていたのです。

大学を卒業後は、両親の勧めもあって日本の企業に就職。そこで10年間働いたのですが、「日本語の教師になりたい」という夢を捨てられずにいたのです。

そんななか、知人から「バンコクにある企業が、日本語教師を探している」という話を聞きます。

彼女は「チャンスが来た！」と思ったそうですが、知らない世界へ飛び出すのが怖いようで、なかなか覚悟を決められずにいました。いざ目の前にチャンスがあらわれると尻込みしてしまうものです。

話を聞いても、「今よりも給料が下がるので生活できるか不安……」「治安は大丈夫

かしら……」「両親は心配しないかしら……」と、まるで今回のチャンスを断ると決めているような口ぶりでした。

だから僕は「一度、現地に行ってみたら?」とアドバイスしたのです。一生を左右することになるかもしれないので、あれこれ想像して心配や不安を膨らませるよりも、現地を見るほうが正解だと思ったのです。

実際、彼女はバンコクに行き、たくさんの人と会って、仕事や生活の話を聞いてまわりました。

そして、日本語の教師にチャレンジすることに決めたのです。つまり、覚悟が決まったのでした。

百聞は一見に如かずと言いますが、自分の足を動かして、五感で感じることでしか、「正しく知る」ことはできません。

「正しく知る」ことで、正しく行動でき、覚悟できます。

覚悟を決められないときには、そもそも「正しく知る」ことができているのかを疑ってみても良いのかもしれません。

「情」——心の声を聞き、その声に素直に従う

物事を感じる心の動きや気持ちが「情」のことですが、これは思っている以上に簡単ではありません。というのも、定期的に自問する習慣がないと、なかなか自分自身の本当の気持ちには気がつけないからです。

他の誰かの考えや価値観を、自分の考えと錯覚していることはよくあることです。暗黙の了解や忖度など空気を読む力は大切ですが、それ以上に大切なのは、本当はどうしたいのかを冷静に、そして丁寧にすくい取る力ではないでしょうか。

そうでなければ、気がつかないうちに他人の人生を生きることになります。

たとえば、叶えたい夢があるのに親から「家業を継いでほしい」と言われたとします。

このとき、「親がそう望むなら」と期待に応えるつもりで家業を継ぐのは一見、親孝行で良い人のように思えます。

でも、中途半端に捨てた夢はゾンビのように何度も蘇ってきて、そのたび「あのと

き、あきらめなかったら……」と苦しむことになるでしょう。

僕の母は大学生の頃、演劇部で女優になるつもりでした。あるとき、今村昌平監督の映画への出演オファーがあり、なんと本読みまでしていたそうです。しかも、主演の話だったのです。

制作前から絶対にヒットすると言われていたのですが、母の母親が芸能活動に大反対したため、母は泣く泣くこの話を断ったそうです。

実際その映画は、公開されるとすぐに話題となり、主演を務めた女優さんはその後も活躍を続けたそうです。

母は僕が小さい頃、よくこの話をしていました。そのたび、僕は「そうだね」などと相槌を打ちながら、後悔の念を母に見るのでした。

僕も父や母の期待に応えるために今の仕事をすると決めていたら、必ず後悔することになっていたでしょう。

だけど「実際はどうしたい?」と自問して、「やってみたい」という答えが心の底から返ってきたのでやることに決めたのです。

心の声に耳を傾け、その声に素直に従う習慣をつけること。それが大切です。

また本当は、「そうしたい」と思っていないにもかかわらず、「そうしたい」と思っているように感じる勘違い。この勘違いも、心の声に従うことができていないために起こっています。

この章の冒頭でお伝えした「会社を辞めたいのだけど、その後のことが……」という知人ですが、彼は「今の仕事にやりがいを感じられない」と話していたので、「責任は伴うかもしれないけれど、もし、やりがいのあるプロジェクトを任されたとしたらどう？　それでも辞めたい？」と聞いてみたところ、「それなら辞めないかもしれない」と言うのです。

彼は自分では気づいていませんでしたが、本当は現状の問題を解決できれば、「辞めたい」とは思っていなかったのです。

これは、本心では「そうしたい」と思っていないのに、「そうしたい」と思っているように感じる勘違いの一例ですが、こうしたことは、自分の心を正確に把握できないところから生まれます。

この勘違いを回避するには、自問を繰り返し、心の声を聞き、その声に素直に従うしかありません。

1999年。17歳。全日本チャンピオンを獲得した。「そうしたい」という心の声に従い、F1ドライバーへの道へ。

「情」は「意」の働きの原石となりますが、勘違いの「情」を「意」まで高めることは不可能なので、心の声を聞くことなくして覚悟は決まらないのです。

「意」―やらない覚悟

「意」は「そうしたい」「やりたい」という感情を、「そうする」「やる」という意志まで高める力のことです。この力が弱いとなかなか現状を変えられません。

こう聞くと強靭な意志が必要に感じるかもしれませんが、僕はそうではないように思います。

たとえば、考えずに直感で動いてしまう、というのもひとつの方法でしょう。

人間の脳には、単純なことを難しく考える習性があるようです。そのため、「やりたい」という感情を、「やる」という意志に高めるため、「やるべき理由」あるいは「やらない理由」を無意識に考えようとしてしまいます。

だから、脳が難しいことを考え、「やるべき理由」や「やらない理由」を探し始める前に、行動してしまうのです。そうすれば、取り立てて強靭な意志を持たなくても、「やる」という一歩を踏み出すことができるでしょう。

また、「やりたい」という気持ちはとても強いのに、いざ、「やろう」とすると怖くて踏み出せないという場合もあるでしょう。

それは、心の中に大きな期待があるからです。つまり、「期待通りでなかったら失望する」「がっかりしたくない」という恐れが、覚悟を阻みます。

この場合は、「期待しないこと」「期待を捨てること」が出発点となります。期待するので、うまくいかなかったときのことを考えてしまいます。

仏教には「一切皆苦」という言葉があります。すべてのものは苦しみであり、世のなかは思い通りにはいかないという意味です。生きることについて考え抜いた仏教がそう言うのですから、これはきっと真理でしょう。

もともと世の中は思い通りにいかないのだから、「こうなったらいいな」と独りよがりに期待しても意味がない。そう考え、期待するのをやめることで、意志までたどり着く可能性もあります。

こうした意志の話になると「自信がない」と言う方もいます。つまり、自信がないから「そうする」「やる」とは思えないと言うのです。

でも、そうではなく、自信と覚悟は別の問題です。

まさに僕がその一例で、医療のことも、介護のことも、経営のことも最初はほとんどわかりませんでした。それでも、「この仕事をする」という覚悟が決まりました。「できた」から、「そうなった」から、覚悟が決まったのではありません。

もちろん医療や介護や経営に関する経験はなかったので、本を読んだり、大学の通信課程で学んだりなど、「やる」と決めた後には、必死で勉強しました。

自信がないと「○○したら◇◇できる」と考えてしまう負のループからなかなか抜け出せません。「お金が貯まったら独立できる」。でも、ある程度お金が貯まってもまだ足りないと感じ、とりあえずの目標を達成しても、まだ不足を感じます……。

自信の不足は、行動で埋めるしかありません。

そして、これこそ重要な真実ですが、「そうする」「やる」という意志など持てなくても、実際にはすでに覚悟しているのです。

「そうする」「やる」という覚悟を決められないとき、すでに「そうしない」「やらない」という覚悟をしています。

やらないのも覚悟です。

この真実に気がつくことができれば、「そうしたい」「やりたい」という感情を、「そうする」「やる」という意志に高める力を養えるように思います。

リミットを決める

覚悟が自然に決まることを考えるということの他に、もうひとつだけコツがあるとすれば、期限を決めることです。

F1ドライバーになることに対して、僕が初めて「ヤバイ！」と焦りを感じたのは、F1ドライバーの多くが12歳までにカートレースを始めているという記事を見つけたことでした。

12歳というリミットが明確になったことが、大きな引き金となったことは間違いありません。リミットが明確になると、今やるべきことが明らかになります。

たとえば子どもの頃、夏休みの宿題を後回しにしてしまって、8月後半になって、「宿題、何もやっていない!」と焦った経験はないでしょうか。

僕は、まさにそんな子どもでした。「始業式」というリミットが見えて、あせって行動を始めたのです。

転職についても同じです。会社を辞めようかどうしようかと迷っている方は往往にして、いつまでも迷いがちです。

会社や仕事に対して不満を抱えながらも、「今の仕事は慣れているし」「また新しい会社に入ってイチから出直すのも大変だし」と、なかなか一歩を踏み出せません。

その一方で、上司に怒られたり、仕事が山積みになったりすると、「あの上司とはウマが合わない。こんな会社は辞める」「もっと能力を発揮できる会社に転職したい」と思ったりするものです。

この繰り返しで時間がただ過ぎてしまいますが、もしリミットが決まっていたらどうでしょうか。

日本では2007年から雇用対策法が改正されて、「事業主は労働者の募集及び採用について、年齢に関わりなく均等な機会を与えなければならない」とされ、年齢制限の禁止が義務化されました。

建前上は、年齢を理由に応募を断ったり、書類選考や面接で年齢を理由に採否を決定したりする行為は、法の規定に反するとされています。

でも実際はどうでしょうか。40代以降になると、転職や再就職が決まらない人が増え始めるという事実もあります。

40歳が転職のリミットかどうかはさておき、「何歳までに転職をする」「こんな仕事を始める」というリミットを決めることで、主体的になれます。僕も12歳までにカートレースを始めると知ったことで、それまで以上に主体的になれたように思います。

覚悟が決まらないときには、リミットを決めて自分を主体的にすることで糸口が見えるかもしれません。

願掛けの覚悟メシ

スランプに陥っていたドイツ時代に、願掛けのような思いで食べ始めた覚悟メシもあります。シュニッツェルです。

シュニッツェルは日本風に言えば「カツレツ」。薄く切った牛肉や豚肉をハンマーで叩いてさらに薄くし、小麦粉をたっぷり付け、溶き卵にくぐらせてパン粉をつけて揚げ焼きしたものです。

もともとは祝宴で出されていた料理のようですが、今は普段の食卓にもよく並んでいて、地元のレストランには必ずと言って良いほどシュニッツェルがあります。

僕は体重を維持するために、あまり揚げ物を食べないようにしていたのですが、シュニッツェルだけは別でした。

あるとき店に入ってシュニッツェルを注文すると、間もなくして運ばれてきたのは、お皿からはみ出るほどの巨大なフライでした。「靴より大きいんじゃないか」というほどの黄金色の肉を前にして、店員の顔を見上げてしまいました。

おいしい料理が多いとはお世辞でも言えないドイツ料理のなかで、このときに食べたシュニッツェルがとてもおいしかったので、僕は自分でもつくってみたくなり、あるとき、シュニッツェルづくりに挑戦しました。

レシピ本を購入して、必要な材料を書き出し、近所の肉屋と八百屋へ向かいました。牛肉でつくるレシピもありますが、僕はあえて豚肉をチョイス。豚肉でつくるシュニッツェルは、日本で食べ慣れたトンカツを思い出させてくれました。

当時、スランプだったこともあるのでしょう、揚げたてのカツを食べるたび、僕の頭のなかには「勝つ!」という文字が打ち上げ花火のように浮かんでいたのでした。

以来、勝負どころでは、シュニッツェルを食べるようになりました。まるで受験生の願掛けのようですが、僕にとっては大事な覚悟メシになっています。

さて、シュニッツェルのソースとして、ラタトゥイユを紹介したいと思います。

ラタトゥイユはフランス南部プロヴァンス地方、ニースの野菜煮込みのことで、僕はF1ドライバーになった後、モナコに行ったときに、ある日本人の方にその作り方を教わりました。

その日本人というのが、フランスのニースと原宿にフレンチレストラン「Keisuke Matsushima」を構えるオーナーシェフ・松嶋啓介さんです。

啓介さんは20歳で渡仏し、２００６年には28歳で外国人として史上最年少でミシュランの一つ星を獲得しています。知人から「日本人シェフの良いお店がある」と紹介してもらったことが知り合ったきっかけで、今でもよくしてもらっています。

啓介さんから「本当のラタトゥイユ」のレシピを教えてもらいましたので、ぜひつくってみてください。

カラリと黄金色に揚がった肉に、ラタトゥイユをかけると豪華な味わいになります。

2005年。23歳。スーパーGT500デビュー4戦目で初優勝。
チームメイト片岡龍也選手との若手コンビで表彰台の中央に。

シュニッツェルのつくり方

材料(2人分):

豚肉(ロースカツ用)　2枚　塩·こしょう　適量　小麦粉　適量
溶き卵　1個　パン粉　適量　油　適量

作り方:

1　豚肉の筋を切って叩き、塩·こしょうを振る。
2　豚肉に小麦粉、溶き卵、パン粉の順で衣をつけ、多めの油で揚げ焼きにする。

ポイント:

シュニッツェルは豚肉のほか、牛肉や鶏肉などでも良いのですが、大事なことは叩いて薄く伸ばすことです。日本のトンカツは厚みがありますが、シュニッツェルはあくまでも薄く、大きく伸ばした肉を使います。揚げるときの油も、トンカツほど大量に使わずに、サッと揚げ焼きにします。

本当のラタトゥイユのつくり方
(レシピ提供:KEISUKE MATSUSHIMA)

材料(2人分):

トマト　5個　玉ねぎのみじん切り　1/2個
にんにくのみじん切り　1/2片　パプリカ(赤・緑)…各1個
ズッキーニ…1本　なす(大)…1本　オリーブオイル　適量
タイム…少々

作り方:

1　にんにくは、包丁の背でエクラゼ(叩き潰す)し、みじん切りにする。煮込み用の鍋を弱火にかけ、オリーブオイルと刻んだにんにくを入れ、香りが出てきたら玉ねぎを加える。
2　玉ねぎが透き通ってきたら、芯を除きざく切りにしたトマトを加え強火で煮込む。
3　パプリカ(1ミリ厚)・ズッキーニ(長さ4・5センチ・2ミリ厚)・なす(長さ4・5センチ・3ミリ厚)にそれぞれカットしておく。
※パプリカは、天地を落とし、半分にしてから中のワタと種を取り除
い　てからカットする。
4　フライパンを熱し、オリーブオイルを入れ強火で野菜別に焼き色をつけながら炒める。
※火の入れ具合は、70%程度。火が入ったら、ザルにあげその都度フライパンはきれいにしてから次の野菜を炒める。
5　煮込み鍋にソテーした野菜を入れ煮詰まったトマトソースに入れ、蓋をして野菜をていねいに煮込む。
6　最後に叩いたタイムを入れ、香りをつけ完成。

第4章
反発と平等の父の味
「土曜日のカレー」

点と点を結ぶ

〝You can't connect the dots looking forward; you can only connect them looking backwards.So you have to trust that the dots will somehow connect in your future. You have to trust in something - your gut, destiny, life, karma, whatever. This approach has never let me down, and it has made all the difference in my life.〟

有名なスピーチなのでご存知かもしれませんが、これはＡｐｐｌｅの創業者で前ＣＥＯのスティーブ・ジョブズが、２００５年にスタンフォード大学の学位授与式で卒業生に送ったスピーチの一部です。

ジョブズは「Connecting The Dots（点と点をつなげ）」という話をしていて、翻訳すると、次のようになります。

「将来を見据えて、点と点を結びつけることはできません。あとで振り返ってみたときにしか、点と点を結びつけることはできないのです。だから、あなたたちはとにかく点と点が将来、結びつくことを信じなくてはなりません。自分の直感、運命、人生、カルマ、たとえそれが何であれ、信じなければならないのです。このやり方が私を裏切ったことは一度もなく、そして私の人生に大きな違いをもたらしたのです」

人生で起こることを一つひとつ切り出してみると、結びつきを比較的イメージしやすいこともあれば、関連性を簡単には見出せず、独立した「点」のようにしか思えないこともあります。

他の出来事、つまり「点」と結びつけるのが難しく、人生においても連続した意味を持たないと思うようなこともたくさんあります。

僕のことで言えば、たとえば6歳のときに、母がレースを見に連れて行ってくれたこと。高校生のとき、カートレースの全日本選手で優勝したこと。2005年、ジョーダン・グランプリでテストドライバーを務めたこと。

こうしたことはF1ドライバーになるための結びつきをイメージしやすい、「わかりやすい点」と言えるでしょう。

でも、高校時代にレコードを集め出したこと。プロ野球の公式戦「ドラゴンズ対スワローズ」で始球式を務めたこと。フルマラソンを走ったこともないのに、サハラ砂漠を7日間かけて約240キロを走破するアドベンチャーレース「サハラ砂漠マラソン」に挑戦したこと。

これらは他のどんな「点」と結びついて、人生にどんな意味をもたらしているのか、結びつきをイメージしづらい「わかりにくい点」と言えます。

ジョブズは、こうした点さえも「将来、結びつくことを信じなければならない」と言っているのです。

第2章で、何のつながりもなさそうなところに普遍性や再現性を見つけ出し、法則に落とし込んでいくことは、ものごとを円滑に進めていくうえでのコツである一方、法則が当てはまらないケースやシチュエーションもあるとお伝えしました。

ジョブズに言わせれば、こうしたことは「法則が当てはまらない法則」となるのかもしれませんが、そのときにはまったく想像できなくとも、あとで振り返ってみたときには他の点とつながっていて、そしてまた別の点ともつながっているのだと思います。

そう考えると、覚悟もただひとつの点に過ぎず、覚悟という点の先には、また別の点が無数にあることになります。

ある大学で、「挑戦」をテーマとして講演させていただいたことがありますが、そのときにこんな質問を受けました。

「F1ドライバーになる夢を達成したとき、目標を見失うことはありませんでしたか」

彼はきっと、バーンアウトや燃え尽き症候群のことを聞きたかったのでしょう。たしかに夢を実現したり、大きな仕事を達成したりした後に、目標を失ってしまうという話はよく耳にします。

でも、僕はF1ドライバーになった後のほうが、燃えていました。なぜなら僕の夢は、「F1ドライバーになること」ではなく、「F1で勝つこと」だったからです。

覚悟もただひとつの点に過ぎず、その先には、また別の点が無数にあります。

僕らにできることは、あまり意味を見出せない点さえも別の点と結びつくと信じ、そうして結びついた点と点が線となって、あとで振り返ったときに、それが自分の望む人生だったと信じることだけなのかもしれません。

ザナルディの教え

ジョブズの言う「点と点が将来、結びつくことを信じる」というのは、「どんな状況においても、心配や不安より期待や希望を抱く」と言い換えることもできます。

そもそも僕たちは、同じ世界に生きているようで、違うものを見ていたりします。

たとえば友人と一緒に旅行をして、後日、その旅行で気づいたことや発見したことを話し合ってみると、まったく違うものを見て、まったく違うことに気づいていたりもします。同じ時間を過ごしていたはずなのに、です。

見たいものしか目に入らず、聞きたいことしか耳に入らず、信じたいことしか信じられないのは僕たち人間の特性のひとつですが、これはどんな考え方でいるかによって、事実は同じでも現実が変わることを意味します。

どんな考え方でいるかで、次に結びつく点が変わる。

このことを僕に信じさせてくれたF１ドライバーがいます。アレックス・ザナルディ選手です。

ザナルディはイタリア出身で、アイルトン・セナやアラン・プロスト、ミハエル・シューマッハとともに、F1全盛期に活躍していたのですが、2001年の「CART（現在のインディカー）」レース中に事故を起こして、両脚を失ってしまったのです。

誰もがザナルディの選手生命は絶たれたと思いました。

ところが、事故からわずか2年後、両手でペダル操作が可能なように改造されたレースカーに乗って、ザナルディは見事、モータースポーツに復帰。その2年後には世界ツーリングカー選手権に参戦して、優勝まで果たしたのです。

そして2009年にモータースポーツを引退した後は、両手で車輪を回すハンドサイクルの種目に挑戦。2012年のロンドンパラリンピックでは、ハンドサイクル・タイムトライアルとハンドサイクル・ロードレースの種目において、金メダルを獲得しました。

ザナルディが2016年のリオデジャネイロパラリンピックに出場することを知った僕は、いてもたってもいられなくなり、リオに飛びました。

絶望するほどの事故に遭い、障がいを負った彼が、どんなふうにアスリートとして復活したのか、自分の目でたしかめたかったのです。

パラリンピックで目の当たりにしたザナルディは、僕の期待をまったく裏切らない素晴らしい活躍でした。

男子個人H5ハンドサイクル・タイムトライアル競技で優勝し、ロンドンでのH4クラスに続き、パラリンピックで連続優勝という偉業を成し遂げたのです。

レース後、彼はこう言いました。

「私の事故は、人生における最大のチャンスとなった。今していることのすべては、私の新しい状況につながっている」

震えました。

いったい誰が「両脚を失った事故を人生最大のチャンス」と言えるのでしょう。

ここに、ザナルディの大切な教えがあるように思います。

ザナルディは事故という点を「最大のチャンス」と考え、「新しい状況につながっている」と言っているのです。

両脚を失った事故を、ザナルディとはまったく違う考え方、たとえば「人生における最大の失敗」と考えることは簡単でしょう。

でも、この考え方では、世界ツーリングカー選手権での優勝やパラリンピックでの連続優勝という偉業は成し得なかったように思います。

ジョブズは「将来を見据えて、点と点を結びつけることはできない」と言っていますが、どんな点もいずれ他の点と結びついて線になるのだとすれば、今起こっている点に希望や絶望などの意味づけをして一喜一憂することはあまり意味を持ちません。

点と点が結びついて、線となったとき、初めてそこに意味が生じます。

そしてあとで振り返ったとき、その意味が自分の「望む人生」と合致するかどうかは、普段の考え方に大きく影響されるのです。

人生の2つのメーター

僕は運の良いことに、覚悟を決めた通り、F1ドライバーになることができましたが、覚悟を決めたからと言って、必ずしも人生が思い通りに進むとは限りません。

では、一度決めた覚悟を撤回して、また違った人生を歩むことは、それまでの無数の点が意味を失うことになるのでしょうか。

車には一般的に、距離に関する2つのメーターが付いています。

ひとつは「オドメーター」です。オドメーターはその車が製造されてから、それまでに走った総走行距離を示すもので、メーターを新品に交換しない限り、ゼロにリセットされることはありません。

もうひとつは「トリップメーター」です。こちらはいつでもリセットできて、たとえばドライブに出発するときにゼロに合わせれば、その日の走行距離を計測することができます。

僕は、人生にもこれら2つのメーターがあると感じています。つまり、自分が生まれてからそれまで辿ってきた足取りを確実に記録しているオドメーターと、ある区間で定期的にリセットされるトリップメーターです。

たとえば、毎日の仕事の中で、いいアイデアが閃かないときや、頭がパンクしそうなときには、あえてその場から離れるようにしています。そして外に出かけ、自然がきれいなところをぶらぶらと散歩したり、友人に会ったりして、頭の中を一旦リセットしています。

それからもう一度、課題に取り組むと、頭がリフレッシュされて新しい考えが浮かんでくることが多いのです。

古代ギリシャの哲学者・アリストテレスもそうだったようですが、多くの哲学者たちは、歩きながらいろいろなことを考えたそうです。同じように、物理学者や作曲家なども、普段からよく歩く人が多かったと言われています。

日本でも銀閣寺を通る疏水沿いに、2キロほどの「哲学の道」と呼ばれる道があります。調べてみると、明治時代に哲学者・西田幾多郎が物思いに耽りながら、この道を散策したことに由来するそうです。

僕も16歳のとき、静まり返った夜にこの道を歩いて、「昔の人は何を考えながらここを歩いたのだろう」と、哲学者の真似事をしたものです。

たしかに歩くことによって血行が良くなり、脳の働きも活発になります。大地を踏みしめる足の裏からの刺激が脳に伝わって、アイデアが浮かぶこともあります。木や花、緑や空を見ることで視覚刺激が脳に影響し、精神がリラックスするという作用もあるでしょう。

なかなか覚悟が決まらずモヤモヤしているときは、そこに無理にしがみつかず、心理的に、物理的に距離を置いてみることです。

そうすることで、オーバーヒートしていた頭の中のコンピューターは冷却されて、クールダウンします。

つまり、これがトリップメーターをゼロに戻す作業です。

トリップメーターをゼロに戻せば、「どうしてこんなことに引っかかっていたんだろう」「大きな問題だと思っていたけれど、取るに足りないことだった」と気づくこともあるかもしれません。

一方で、悩みもがき、新しい事実に自力で気づいたという経験は、オドメーターにしっかりと記録されていきます。

こんなふうに2つのメーターをうまく活用しながら、僕たちは覚悟していくのだと思います。そう考えると、オドメーターはひとつだけですが、トリップメーターはいくつあっても困ることはありません。

新しい趣味を始めてみる。やりたかったことをやってみる。一度決めた覚悟を撤回して別の道に進む。それまでの自分に、このように新しいトリップメーターを加えていくのだと思います。

この場合、「ゼロに戻す」というよりも「新しいゼロ」を加えるということになりますが、それはまさに、自分の人生に新しい点を打つことではないでしょうか。

新しいゼロを加えるときには、「すごい挑戦だ」「勇気のいる決断だったのでは？」などと言われたり、周囲の理解や賛同を得られず、反対されたりするかもしれません。

でも、「いつだって新しいゼロから始められる」と思えれば、リセットしたり、新しくゼロを足したりすることは恐れるに足りません。

僕自身も、F1ドライバーから医療介護の世界に入り、まったくの異業種に転身をしたことで、いまだに「F1から離れるなんてもったいないですね」「すごい転身ですね」「よく覚悟できましたね」などと言われます。

でも、それほど大げさなことではありません。僕のキャリアに、たんに新しいゼロが加わったということに過ぎないのです。

モータースポーツから医療・福祉へ

2011年、僕はヴァージン・レーシングというチームと契約し、リザーブドライバーとしてレースにずっと帯同しながら、またF1のシートに返り咲くチャンスをうかがっていました。

翌2012年には「i1スーパーカー・シリーズ」という新しいウィンターシリーズに参戦予定だったのです。ところが、1月に開幕予定だったレースが突如、延期になってしまったのでした。

こうしたことにはすでに動じないメンタルになっていましたが、ぽっかりと空いてしまった4カ月をどうするかには悩みました。

結局、休暇にあてて久しぶりに日本に滞在することを決めたのですが、今にして思えば、このときには無数の選択肢があったのだと思います。

その無数の選択肢の中から何となしに選んだ休暇という選択。

ジョブズが「将来を見据えて、点と点を結びつけることはできない」と言う通り、これが今につながる決定的な点となることを、そのときの僕は思いもしませんでした。


帰国後しばらくすると、母に「会議に出てくれない？」と誘われました。少しのんびりしようかと思っていた矢先のことです。

母がどんな考えで会議に参加させようとしていたのかはさておき、僕は前向きになれませんでした。なにしろ、レースのことだけをやってきていたので、医療や介護のことはまったくわからなかったからです。

初めのうちは何度も断っていたのですが、さすがに僕の母です。「顔を出すだけでいいから」「最初だけでいいから」と簡単には折れない強靭なしつこさで、とうとう僕が根負けしてしまったのでした。

だから挨拶だけしっかりとして、あとはただ座って聞いているつもりだったのです。

でも、その会議に参加しているうち、うまく言葉では言い表せませんが、なぜか違和感を覚えたのでした。

モータースポーツを通して、僕がチームビルディングやマネジメントの重要性を感じていたからなのかもしれません。

F1はドライバーがひとりで闘っているわけでなく、勝つうえで大切なのは、チームのメンバーそれぞれが役割をまっとうしながら、想いをひとつにすることです。フィールドが異なるとはいえ、その会議はどこか役所的で、組織を良くしていくための一体感や活気を感じられませんでした。

僕は気がつけば、ある方の意見に「その発言は、理念に反するものだと思います」と発言していたのでした。


会議が終わって、ひとりで福祉村を歩いてみました。

目についたのは、苔だらけになっていた「みんなの力で、みんなの幸せを」という理念が書かれた看板でした。おそらくもう何年も放置されていたのでしょう。

自分がそんな選択をするとはただの一度も考えたことはありませんでしたが、その日のうちに、僕は父と母の仕事を手伝うことを決めたのでした。

もし、2012年のレースが延期になっていなければ――。
長期休暇を取って帰国していなければ――。
母が会議に誘っていなければ――。

どんな人生を歩みたいか

「左近はこれから、どんな人生を歩みたいんだ」

18歳の誕生日のときのことでした。どんな経緯だったかは覚えていませんが、その日、僕は父とふたりで映画を観に行ったのです。

父はその頃も変わらず、僕がF1ドライバーになることを応援してくれてはいませんでした。

この前年、カートレースの全日本選手権でチャンピオンを取ったときも、母はそのビデオを繰り返し見るくらい喜んでくれたのですが、父はこの話題にはまったく触れようとしませんでした。

いつかの宣言通り、「関与しない」というスタンスを貫いていたのです。

映画の上映開始まで少し時間に余裕があったため、映画館の隣にあるファミリーレストランに入ったのですが、食事が出てくるのを待つ間、父は「左近は18歳になるのだけれど、これから、どんな人生を歩みたいのか」と僕に聞きました。

父と二人での外食は、このときが初めてでした。

僕はそれほど深く考えずに「幸せな人生を送りたい」と答えたのですが、次の瞬間、そう答えた自分にびっくりしていました。

それまで、幸せな人生がどんなものかなど考えたこともなかったからです。

なぜ「どんな人生を歩みたいか」と聞かれて、「幸せな人生」と口から出たのかは今もわかりませんが、父はとくに驚くでもなく、「じゃあ、どうやったら幸せになれると思う?」とまた質問しました。

今度は自信を持って「F1ドライバーになること」と答えました。

F1ドライバーになることは自分の望む人生だったので、それを幸せな人生と考えるのはシンプルなことだと思います。

僕の言葉を聞き、父は「そうか」と言いました。そして、こう続けました。

「F1ドライバーになることが左近にとって幸せな人生なら、今日からお父さんは全力で応援する」

時間が止まったと感じるほど驚きました。

父からそんな言葉が出てくるなんて、まったく予想していなかったので耳を疑ってしまったのです。涙があふれてしまいました。

「泣くやつがあるか」

そう言いながらも、父の目も光っているようでした。


あの日、「幸せな人生を送りたい」と何気なく口にして以来、僕は時折「幸せな人生とはなんだろう」と考えるようになりました。そして、「幸せ」ということについて考えると、決まって浮かんでくる光景がありました。

小学生の頃、毎週土曜日の昼は決まってカレーでした。

今と違って、僕が子どもの頃は土曜日も半日だけ授業があったのですが、学校から帰宅すると、いつも父がカレーをつくってくれていたのです。

土曜の昼は父がつくることがルールのようになっていて、それは仕事と家事に大忙しだった母が少しでも休めるようにという父のやさしさだったのかもしれません。男女平等が叫ばれ始めた時代ですが、そうしたことを先駆けていくのが、父という人です。父は女性が働きやすい職場づくりのために、僕が生まれた頃にはすでに事業所内保育をスタートさせていました。

父は常に多忙を極めていたのですが、土曜の昼食は家族水入らずの時間となっていました。

食卓に並んだ父のカレーは取り立てて特徴のない普通のものでしたが、僕は父のカレーが大好きでした。食のおいしさは味だけにあるのではなく、誰とどんなふうに食べるのかによっても変わってきます。

ほんのひとときとはいえ、土曜日の昼間、家族揃って昼食を取る時間は、僕にとって、とても大切なひとときでした。

大人になった今、僕もときどきカレーをつくります。流し台の前に立ち、黙々とじゃがいもや玉ねぎの皮を剥きながら、あの頃、父が何を考えながら野菜の下ごしらえをしていたのかに思いを馳せます。

キッチンで料理をつくる父・山本孝之。

家族みんなで食べるカレーをつくる。それはきっと、幸せなことだったのだろうと思います。

あの日、父と観た映画は当時大ヒットしていたキャメロン・ディアス主演の『メリーに首ったけ』でした。

5人の男性が主人公のメリーに、自分を選ぶように迫るというロマンティック・コメディで、父と並んで観るにはあまりに微妙な内容でした。

映画館から家までの帰り道は、父も僕も会話らしい会話をしませんでした。

父が無言だった理由は映画の内容が微妙だったからなのか、ファミリーレストランで「F1ドライバーになることが幸せになること」と言ったからなのか、僕にはわかりません。

ただ、この日以来、父は僕がF1ドライバーになることを応援してくれるようになったのでした。

土曜日のカレーのつくり方

材料(2人分)：

鶏肉　１００ｇ　玉ねぎ　１個　にんじん　１／２本
じゃがいも　２個　市販のカレールウ２種類　適量
水　適量　油　大さじ１

作り方：

1　鶏肉を一口大に切る。玉ねぎ、にんじんは細かく切る。じゃがいもは小さく角切りに切る。
2　厚手の鍋に水を入れ火をかける。
3　フライパンで油を熱し、鶏肉、玉ねぎ、にんじん、じゃがいもをそれぞれ炒めて、2の鍋に加えていく。
4　沸騰したらあくを取る。弱火～中火で野菜が柔らかくなるまで煮込む。
5　いったん火を止め、２種類のルウを割り入れて溶かす。軽く煮詰めて出来上がり。

ポイント：

豚肉ではなく鶏肉に、ルウは中辛のものを２種類入れてつくるのが山本家のカレーの特徴です。今、振り返れば父のつくるカレーは、野菜が小さめにカットされていました。すぐに火が通るため、サッと食べて午後の仕事に戻るためだったのかもしれません。僕が今、自分でつくるカレーも野菜は小さめ。でも、肉だけは食べごたえを出すために、結構大きめにカットして入れることもあります。翌日のカレーがますますおいしくなっているのは、周知の通り。多めにつくって寝かせておくと良いかもしれません。

第5章
心を落ち着ける覚悟メシ
「極上出汁の肉うどん」

悪魔の囁きが聞こえるとき

ドイツ人初のF1チャンピオンであり、「赤い皇帝」とも称されたミハエル・シューマッハは、本番前のテスト走行でクラッシュすることがありました。

ドライバーとしてクラッシュは致命的ですが、シューマッハはあえて練習でクラッシュするまで振り切って、どこが限界点なのかを確認していたのです。だから、本番では100％の力を発揮して、あれだけの結果を残すことができたのでしょう。

限界とは自分で決めたイメージでしかありませんが、自分の限界がどこにあるのか知ることはとても大切です。限界を知らなければ、100％の力を出し切ることは難しく、力の内側でしか勝負することができないからです。

期待した結果が出ないとき、思うように進まないとき、気持ちは落ち込み、いつも不安がつきまとい、ますます萎縮してしまうものですが、こうしたときこそ実は自分の限界を突破できるチャンスです。

開き直り、振り切ってみることで現実が動き出します。

2002年にヨーロッパへ渡ってスランプにもがいていた頃、すべてのレースは僕にとって負けを許されない勝負で、いつも「絶対に失敗できない」とプレッシャーとストレスを感じていました。

ともに闘っているチームのことを思えば、どのレースももちろん落とすことができないことに変わりありませんが、今にして思えば「絶対に失敗できない」という余裕のなさが、あせりを増幅させていたように思います。

結果を残せなければ残せないほどプレッシャーは大きくなり、レースに対して冷静さを失っていきました。

こうした時間のなかでも極めつきだったのは、所属していたチームがシーズン途中でシリーズから撤退すると言い出したことでした。

たとえるなら、何年もかけて商品開発を続けていたプロジェクトが、ある日、何の前触れもなく中止になってしまうようなものです。

突然、梯子を外された状況でどうしたら良いのかもわからず、それこそ自暴自棄になりそうでしたが、幸運にも契約してもらえるチームが見つかったことで、僕はなんとかレースを続けることができたのでした。

それでも、この期間は結果らしい結果を残すことはできませんでした。

思い描いていた夢と実際の現実があまりにかけ離れていたため、メンタルがズタズタだったということもありますが、結果が出なければ結局はすべてが言いわけになります。

次第にチーム内の不協和音も聞こえてくるようになり、「こんなはずじゃなかったのに」「俺は何をやっているんだ」という思いが膨れ上がって、「レースをやめよう」という考えが頭をよぎるようになりました。

子どもの頃に「F1ドライバーになる」と覚悟を決めてから、つらいことなど数えきれないほどありましたが、「やめたい」と言葉にしたことは、それまでただの一度もありませんでした。

覚悟を決めることとは、どれだけつらいことがあっても突き進むことを決意するのと同時に、万一、期待通りにいかなかったとしても、その結果を受け入れると腹を括ることでもあります。

ただ、「このまま頑張っても、F1ドライバーにはなれないかもしれない」「もういい加減、あきらめて楽になったらどうだ？」などと悪魔の囁きが聞こえることもあり、結果が出ないときほど、その囁きは大きくなるのでした。

ヨーロッパでの最初の2年間が終わって、帰国していたある夜のことです。

僕はいつかの夜と同じように、父と母と3人で食卓を囲んでいましたが、このときは土下座のときと同じくらい食事が喉を通りませんでした。

父も母も僕が悩んでいることをわかっていたのでしょう、テーブルが沈黙で包まれないように、落合監督になってからドラゴンズが強くなったこと、カメラマンの兄が太り始めたことなど、他愛ない話を続けてくれていたのです。

「レースをやめたいと思っている」

会話をさえぎるように、ふと言葉が出てしまいました。

言ってはいけないことが思わず口をついて出てしまったような、でも言わないままではいられないような、一瞬にして部屋中の空気が鉛のように重たくなっていくのを感じました。

「……そうか」

ファミリーレストランのときと同じように、父はそう返事して、うなずきました。

ただ饒舌でない父が、なぜかこのときだけはしばらくして、こう付け足したのでした。

「左近が納得できるなら、レースをやめてもまったく構わない。納得できないままやめたら後悔する」

「……」

「左近なら必ずできる。やめるな。あきらめるな」

F1に挑戦することにあんなに反対していた父が、今度は僕があきらめないように背中を押してくれたのです。何を根拠にそんなことを言ってくれているのだろう……。

自分でも気がつかないうちに涙が出ていましたが、その涙が、とにかく一歩一歩、できることから前へ進もうと気持ちを切り替えてくれたのです。

心を落ち着ける覚悟メシ「うどん」

数日後、僕はエンジニアをしている山田淳さんと仕事がしたいと思い、トムスを訪ねました。

スランプから脱するためにも、信頼できる方たちのチームで走らせてもらって、そこで結果を出すことができたら、またヨーロッパで挑戦しようと思ったからです。

チームは僕の話を聞いてくれ、紆余曲折はありましたが、トムスでF3に再度参戦できることになったのです。

そこからは本当に一歩一歩、できることから前へ進んでいき、少しずつ自信を取り戻していったのでした。

この頃、よくつくっていたのがうどんです。

僕は麺料理が大好きで、とくに、うどんと蕎麦が好物です。外で食べるのも好きですが、時間のあるときには自分でうどんをつくったりもしていました。

うどんの麺は市販の生麺を購入しますが、出汁だけは、昆布、鰹節、煮干しという

3本立てで、必ず自分で取るようにしています。

僕がうどんをつくろうと思い立つときは、心がザワザワしているときや、じっくり自分と向き合いたいときが多いように思います。

大鍋に水をはり、昆布、煮干し、のちに鰹節と順番に加えて丁寧に旨味を出す。温度や吹きこぼれに注意しながら、ただ、じっと鍋の中を覗き込む時間は、かけがえのないものです。

鍋の中を覗き込んでいると、次第に心のざわつきがおさまってきます。

昆布のまわりについている泡や、鍋の中で上下する鰹節を眺めていると、どれだけ努力しても手には負えないものや、運命と呼ぶしかないものもあるということが、ストンと腑に落ちてきます。そして人生には、「ひたすら待つしかないタイミング」があることも。

たとえば、泥で濁った水の入った瓶のなかからコインを拾い上げようとしても困難です。闇雲に水の中で指を動かしても、コインに触れる確率は高くありません。

でも、ただ静かに水が澄むのを待てば、コインを拾い上げるのは簡単です。人生にはこれと同じことも、ときに起こるのだと思います。

出汁を取るのに必要なものは、最高級の昆布や鰹節、煮干しではありません。もちろん素材が良いに越したことはありませんが、それよりも大切なのは、じっと待つことです。

昆布の出汁を取るのに必要な時間と、鰹節の出汁を取るのに必要な時間は違います。温度も違いますし、タイミングも違います。

一時帰国して、「もう一回チャレンジしよう」と決意するまでには、たくさんの時間が必要でした。その途中には、日本へ帰ろうと決意することや、レースをやめたいと打ち明けることなど、たくさんのことがありました。

いずれの時間も短縮できないことを確認し、僕は出汁に醤油と酒を混ぜ、つゆを完成させたのです。

8合目のテスト

山に登るとき、最初のうちは頂上がはっきりと見えて、「あそこを目指して登れば良い」というゴールは明確です。

でも麓から一歩ずつ歩を進めて山頂に近づいていくと、ある瞬間から頂上が見えなくなります。自分がいる位置と山頂との角度が急になるため、さっきまで見えていたゴールが急に山肌に隠れてしまうのです。

さらに、山頂近くになると天候が不安定になり、雲が多く現れます。山頂が雲に隠され、目指すべきゴールがどこかわからなくなるのも、この頃です。

頂上まであと少しという8合目あたりがもっとも苦しく、そして気持ちが折れやすい地点なのではないでしょうか。僕がそうなりかけたように実際、ここでF1ドライバーになることをあきらめ、挫折してしまう選手も多いのです。

もう一踏ん張りすれば再び山頂が現れる一歩手前。本当は目の前にゴールがあるにもかかわらず、そのことに気がつけない地点。

そこで下山せずに踏みとどまることができれば、「もう、こんなに登っていたのか」と自分でも驚くほど間近に山頂を見て取れます。

ただ、自分が今どの地点にいるのかはわかりません。いつまで経っても山頂にたどり着けない錯覚に襲われます。

2004年。22歳。全日本F3選手権で2位に13秒以上離して初優勝を飾る。

そんなとき、僕は、「これは神様がテストしているのだ」と考えることにしています。結果が出ないときに投げ出さないか、本気度を確認するテスト。できないことを、まわりや環境のせいにしていないか責任を確認するテスト。目的がすり替わっていないか、初心に帰らせるためのテスト。

その他にもいろいろなテストがありますが、こうしたテストは、得てしてコンディションが良くないときや、物事がうまく進んでいないときにやって来ます。

そして、テストの種類もさまざまで、これらをひとつひとつクリアしていくと夢を実現できるようになっているように思います。

初めて「レースをやめよう」と言葉にしてしまうほど過酷だった2年。

気づいていませんでしたが、僕にとってはこの頃がもっとも苦しい8合目あたりで、父の言葉をきっかけに奮起して、再挑戦してからは、自分でも本当に驚くほど間近に山頂が現れたのでした。

F3のときにお世話になったチームのオーナーが偶然にもF1のオーナーになり、それがきっかけで、なんとF1マシンをテストドライブする機会を得たのです。点と点が結びついた瞬間でした。

「運がいい」と信じる

夢を叶えようとするとき、目の前には2つのハードルがあります。ひとつは物理的ハードル、もうひとつは心理的ハードルです。

物理的ハードルは、たとえば経済面や環境面など、自分の力だけではどうにもならないこともあるかもしれません。でも、心理的ハードルについては、自分の心の問題なので解決できます。

難題にぶつかったときでも、「無理だ」「難しい」と考えるか、「いける」「大丈夫だ」と考えるかによって、その後は大きく変わります。

松下電器（現パナソニック）の創業者・松下幸之助さんは社員採用の面接で「あなたは自分で運が良いと思いますか」という質問をして、「運が良いです」と答えた応募者だけを採用していたそうです。

自分を強運だと思っている人は、仕事をするうえでどんな難題にぶつかったときでも、「自分は運が良いから乗り越えられる」と前向きに考えることができるのでしょう。

また、そうやって前向きに考えられる人のまわりには、同じように前向きな考えを持つ人たちが集まりますし、職場には活気があふれ、必然的に業績も上がるように思います。

2005年、僕は国内トップカテゴリーであるフォーミュラ・ニッポンとスーパーGTにルーキーとして参戦していました。

とくにスーパーGTではレース参戦から4戦目で優勝することができ、この実績を前述のオーナーが評価してくれ、サードドライバーとして契約してもらえることになったのです。

6歳のときに鈴鹿で初めてF1を見たときから、ずっと乗りたいと憧れていたF1マシンに、ついに乗れるときがやって来たのでした。

もし、あのとき再挑戦せずにあきらめてしまっていたら、すぐそこが山頂であることに気づかずに下山していたことになり、このテストドライブのチャンスをつかむこともできなかったのです。

その前日は、あまりの興奮と緊張でまったく眠れませんでしたし、生まれて初めて

Ｆ１マシンに乗ったときの感動と衝撃は言葉では言い尽くせません。

Ｆ１マシンは何もかもが違っていたのです。

アクセルやギア、ブレーキングや体で感じる重力、それまでに乗っていたフォーミュラ・ニッポンやスーパーＧＴのマシンとは比べようもないほど何もかもが違っていました。

ただ、心からテストを楽しむと同時に、レースに向けて、マシンのセッティングやタイヤの状況など、有益な情報を少しでも多くチームにもたらすことが、サードドライバーとしての僕の仕事でした。

幸い、イギリスのシルバーストーンサーキットで行われた２日間のテストも成功。その翌月に行われた鈴鹿でのフリー走行では、レギュラードライバーよりも速いタイムをマークできたのです。

鈴鹿のコースを走りながら、「自分はもっといける」と確信していました。自分のホームグラウンドに帰ってきて、心が落ち着いたのかもしれません。

海外に旅立つ前、ひとつ、誓ったことがありました。それは「Ｆ１ドライバーになるまで、絶対、ここへ帰ってこない」ということでした。

「次に鈴鹿へ帰ってくるのは、Ｆ1ドライバーになってからだ」

そんな気持ちで鈴鹿を後にして、海外へ旅立ち、そして、とうとう、それが現実になったのです。

僕ははやる気持ちを落ち着かせるため、「今やるべきことに集中しよう」と自分に言い聞かせました。

最後の10分間はあいにくの小雨に見舞われましたが、それでも満足いく走りを見せることができました。

僕がＦ1マシンに乗れるかどうか懐疑的だった人たちにも、これで力を証明できたように感じて充実感に包まれていました。

この後、さらに大きな決断が待っているとは、このときの僕は思いもしませんでした。

日本人最年少F1デビュー（当時）

「後悔のない人生はない」と言われるほど、日常の至るところに後悔につながる入口は潜んでいるように思います。人生に後悔はつきものなのかもしれませんが、では何が後悔を生み出すのでしょうか。

後悔のほとんどは「やらない」という決断が生み出しています。たとえば、気になっていたのに買うことをためらった洋服、たとえば、せっかく誘われたのに行かなかった旅行、たとえば、伝えることをやめた片想いの気持ち……。

うまくいかないことを想像してしまって二の足を踏んだことが、結局はその後、後悔となってくるのです。

だから、僕はそんな思いをしたくないので、目の前に「やる」「やらない」という選択肢があったら、できる限り「やる」という選択をするように意識しています。

２００６年シーズンの中盤の、あのときもそうでした。

ジョーダン・グランプリで生まれて初めてＦ１マシンに乗った後、僕はＧＴ５００

でワークスチームのＮＩＳＭＯに乗ったりするなど、国内での基盤ができつつありました。

たしかな手ごたえを感じ取っていたところ、スーパーアグリＦ１チームの一員として参戦しないかとオファーをいただいたのでした。

本来ならこれほどうれしい話はないはずですが、スーパーアグリＦ１チームは、この年のシーズン開幕戦からＦ１に参戦を開始したばかりで、翌年のプランもしっかり立っているわけではなかったのです。

だから、あれだけ思い焦がれていたＦ１でしたが、決断するのは簡単なことではありませんでした。この話を受けることは、そのときお世話になっていた、あの近藤真彦さんのＫＯＮＤＯ Ｒａｃｉｎｇや ＮＩＳＭＯとの契約が解除になることを意味していたのです。

目の前にはたしかに「やる」「やらない」という2つの選択肢がありました。そして、仮に「やる」という選択をするにしても、思い描いていた夢の叶え方でないように思えたのです。

それでも覚悟を決めて追いかけ続けた夢であり、目標でもあったＦ１という舞台で

2006年。24歳。スーパーアグリF1チームでデビュー。
ピットを出る瞬間。

す。僕はすべてを捨てて、踏み出すことに決めたのでした。

カートを始めたときもそうでしたが、2006年シーズンの中盤からスーパーアグリF1チームの一員として参戦したことも大きな覚悟だったように思います。

F1の世界へ飛び込んでからの毎日は、ひとつの国に1週間以上滞在することもないほど脱兎のごとく過ぎていきました。

世界中を転戦する環境下でもベストのコンディションをキープしなければならないので、常にフィジカルトレーナーが帯同してくれて、トレーニングも朝から晩まで続きます。

イギリスグランプリから、サードドライバーとして急遽参戦した僕は、ドイツグランプリでついにレースデビューし、中国グランプリ、日本グランプリ、ブラジルグランプリのラストの3戦では完走を果たすこともできたのでした。

小学生の頃、鈴鹿で初めてF1を見て、鈴鹿でカートを始めて、そしてフォーミュラカーで最初にレースをしたのも鈴鹿です。その鈴鹿にF1のレースドライバーとして帰って来られたのですから、これ以上の幸せはありませんでした。

僕は、こうしてF1ドライバーという山頂に到達したのでした。

セナのお墓を訪ねて

実は、Ｆ1ドライバーとして参戦した最初のブラジルグランプリの前に、ブラジルにあるセナのお墓参りをしたことがあります。

花を買って、いざお墓のある公園の入口に着いたときにはすでに込み上がるものがあり、胸が苦しくなってしまいました。

ところが、お墓がなかなか見つからないのです。

「お墓のある場所は墓地の真ん中の11番」と聞いていて、すれ違う人にも「花が一番いっぱいあるところだよ」と言われたのですが、もうまわりを見渡すどころでなく、ただ一歩を踏み出すことさえ躊躇してしまうのでした。

セナの死からは、12年という月日が流れていました。

初めてお墓を訪れ、それを前にしたとき、セナの存在を現実のものとして認識し、そして、その存在はもうすでにこの世にいないという、つらい事実を再確認しなければならなかったのです。

それを受け入れることが嫌で、無意識のうちに足がすくんでしまっていたのでした。

僕はカートをやり始めた12歳のときから、憧れのレーシングドライバーが誰かをインタビューで聞かれても、「憧れのレーシングドライバーはいません。なぜなら、すべてのドライバーはライバルだから」と答えていたのですが、セナは、とてつもなく大きな存在だったのです。そのことに気づいたのでした。

セナがいなかったら、もしセナがF1ドライバーになっていなかったら、僕はF1ドライバーになっていたかどうかもわかりません。

こうしてようやく会えたというのに、それが今にも雨が降り出しそうな厚い曇に覆われたサンパウロのお墓だったという事実が、ただただ悲しかった……。

本当はF1ドライバーになった今の僕の状況で話をしたかった。何か答えがほしかった。

何を考え、何を思い、何を求め、どう生きたのか……。

もちろんセナが何かを語ってくれるはずもありませんでしたが、その週末のインテルラゴスで開催されたレースで、僕はその答えをセナがくれたように思います。

インテルラゴス・サーキットにて

インテルラゴス・サーキットで開催された２００６年のブラジルグランプリは、Ｆ1デビューイヤーの最終戦となりました。

僕は「完走すら奇跡」と言われた数年落ちのマシンを操りながら、レースのファステストラップで7番手につけ、セクター2ではシューマッハ選手に次ぐ2番手のタイムを叩き出すことができたのです。

このとき、僕は性能が劣ることに意識を向けるのではなく、マシンのポテンシャルを最大限に引き出すことに集中していました。

「みんなのために良いレースをしたい」

それが応援してくれるファンやチームに対して、僕ができる恩返しだと思いました。日本グランプリのときに多くのファンの声援を受けた、あの気持ちを忘れていたことに、最終戦を前にして気づいたのでした。

ヨーロッパに拠点を移して、過酷な状況が続くうち、僕の頭の中は自分でも気がつかないうちに「レースで勝ちたい」ということでいっぱいになっていたのです。

素直に白状すれば、そう思う心の底には「レースで勝って賞賛されたい」「ヒーローになりたい」という承認や肯定の欲求もあったように思います。いつのまにか心がカラカラに干からびて、自分のためにしか頑張れなくなっていたのです。

たとえるなら、ひたすら強くなることを目指すゲームの中の勇者のようです。次々に現れるボスキャラと戦っていけば、たしかに自分のレベルは徐々に上がっていくでしょう。でも、それでは本当の勇者にはなれません。

本当の勇者は自分が強くなるために戦うわけではなく、「囚われているお姫様を救い出すため」「世界に平和を取り戻すため」など、自分以外の誰かのために戦っているのです。強くなることは、そのための手段でしかありません。

何のためにF1のドライバーになるのか。

いつの間にか僕は目的を見失っていたのでした。F1ドライバーになると決めたとき、「なぜ、なりたいのか」という問いの答えは、「セナみたいにカッコよく走りたい」「みんなを感動させたい」でした。

自分のためだけでなく、みんなのために走る――。

2007年。25歳。F1ドライバーになり2年目の頃。

インテルラゴスのレースで、そのことをセナが思い出させてくれたように感じました。

ひとりで闘っている気になっていただけで、たしかに、そこには僕を応援してくれるファンやチームのメンバーがたくさんいてくれたのです。

極上出汁の肉うどんのつくり方

材料(2人分):

つゆ:つくりやすい量　昆布　約20ｇ　鰹節　約30ｇ
煮干し　約20ｇ　水　1.8L　しょうゆ　適量　酒　適量
具材:牛肉(切り落とし)　２００ｇ　しょうゆ　大さじ2
酒　大さじ2　みりん　大さじ2　砂糖　大さじ2
水　大さじ2　長ねぎ　1／2本　生麺　2人前

作り方:

1　鍋に肉を食べやすい大きさに切り、軽く炒める。
2　すぐにしょうゆ、酒、みりん、砂糖、水を入れて煮立てる。斜め切りにした長ねぎを加えてサッと火を通す。
3　2とは別の鍋に水、昆布、煮干しを入れて出汁をとる。
4　3の鍋を弱火〜中火にかける。沸騰直前に昆布と煮干しを取り出し、一度沸騰させる。
5　少量の水(分量外)を加えて温度を下げ、鰹節を一度に加えて再沸騰させる。
6　一煮立ちしたら火を弱め、アクを取って火を止める。しょうゆと酒を加え、味を整える。
7　丼に湯通しした生麺を入れ、つゆをかける。牛肉と長ねぎをのせて出来上がり。

ポイント:

昆布、鰹節、煮干しの合体技で深みのある出汁をつくります。昆布と煮干しは、できれば前日から水に浸けておくと濃い出汁が取れます。気をつけたいのは温度です。昆布や煮干しを煮立てるときは、絶対に沸騰させないことですが、鰹節は一度沸騰させ、20〜30秒煮出します。透明度の高い澄んだ出汁にするため、アクは丁寧に取り除くことも大事なポイントです。

第6章
最期までおいしいを誓う
「寿司」

2018年──春

空は晴れわたって、あくまでも青く澄みわたり、桜の花びらがヒラヒラと肩に降りそそいでいる、本当に美しく、そして暖かな春のひとときでした。

「もう終わりですかねぇ」
「そうですね、先週末が見頃でしたね」
「また来年ねぇ」
「本当に」
「そのときまで生きているかねぇ」
「もちろんですよ」

この時期の福祉村は、桜が満開になります。
声をかけてくれたのは、福祉村にある軽費老人ホームに入居されている女性でした。93歳。大阪から単身で豊橋に移って、36年前からここで暮らしています。

レーシングスーツよりもビジネススーツを着ることが多くなって7年目、医療介護についての理解もだいぶ深まってきました。

同時に、医療や介護の世界には、僕が長年関わってきたモータースポーツの世界と類似する点が意外に多いということもわかってきました。


その昔、あるチームがドライバーの運転ログなどを取るために、F1マシンにコンピューターを載せたことがあります。

それを知った他チームのドライバーたちは「そんなことで速くなるわけがない」「俺の走りをコンピューターが理解できるわけがない」などと声を揃えていたのですが、それから1年もしないうちに、他チームもマシンにコンピューターを搭載するようになりました。格段にタイムが上がったからです。

今ではコンピューターの搭載は当たり前になっていますが、このときのモータースポーツの状況と今の医療福祉の状況はとても似ています。

F1は、テクノロジーの進化と革新の上に成り立つ世界です。F1の歴史はわずか60年にすぎませんが、その中で、マシンは目覚しい発達を遂げました。

より安全に、より高速に。僕は、そうした進化を目の当たりにしてきました。まったくの異業種から転身したからこそ気づける部分かもしれませんが、医療や福祉の世界に、いかにＡＩやロボットなどのテクノロジーを取り入れていくかは重要課題だと思います。

ご存知の通り、ＡＩは人工知能の意味ですが、じつは僕たち日本人は世界でもっともロボットに対して親近感がある国民と言われています。その理由は、鉄腕アトムやドラえもん、アラレちゃんなどに代表される漫画やアニメです。

ただ、アトムやドラえもん、アラレちゃんのように感情を持つ自立したロボットが、人間と共生するのはもう少し先になりそうです。

現在活用されているＡＩは「人間が知能を使ってすることを機械に演算処理させているもの」であって、独自の感情を持っていないからです。

人間の知能拡張としてのＡＩが進化することで、「知能だけではなく知性を持つのでは?」と近未来ロボットに恐怖を抱く意見も少なくありませんが、ＡＩによるシンギュラリティ（技術的特異点）を危惧して前に進めないのは大きな機会損失に思います。

だから、医療や福祉の世界にテクノロジーを取り入れることは、僕に課された重要な使命のひとつとして、F1時代に学んださまざまなことを伝え、そしてカタチにすべく、日々試行錯誤しているのです。

AIによって、病気の既往データや健康情報を管理するだけでなく、たとえば、「生い立ちや仕事の経歴、趣味などまで記録したパーソナルレコードシステム」「管理や監視ではなく、安心を一番に感じられる見守りロボット」「体温や脈拍などを瞬時に計測できるチップが入った下着」など、実現したいアイデアはたくさんあります。

もちろん、僕一人の力ではそれらのアイデアを叶えることは難しいので、多くの人たちと手を取り合う必要がありますが、その中で2017年に取り組みを始めたのが「ハッピーフードプロジェクト」です。

プロジェクトのコンセプトは、「ひとりひとりに、おいしい介護食を」。

僕は以前から施設で介護食や病院食を試食するたび、「もっと介護食をおいしくできないだろうか」と考えていました。

もしかしたら、ある人にとってはその食事が人生で最期のものになるかもしれません。人生100年時代と考えると、生まれてから死ぬまでに約10万食を食べる計算になり、僕たち医療介護の仕事は、最後の1000〜2000食を担っていることになります。

最後の一食になるかもしれないそのご飯を、できる限りおいしく食べていただきたい。そんな思いがありました。

そう思うきっかけをくれたのは、あるひとりのお年寄りの方でした。

その方は、施設に入居されていて、僕が今の仕事についてすぐ、手紙をくれたのです。

入居者さんは大勢いらっしゃって、正直なところ、すぐにおひとりおひとりのお顔とお名前をはっきり覚えるのは困難でした。

普段から施設をこまめにまわり、不便なことはないか、改善すべきところはないかなど確認しながら、できるだけみなさんにお声がけしていたつもりでしたが、申し訳ないことに、僕はその方のことを知りませんでした。

でもその方は「いつもありがとうございます。おかげさまで、快適に過ごさせてもらっています」というメッセージとともに、折り紙で花をつくってくれたのです。

その手紙がとてもうれしく、何度も読み返しました。この仕事についてまもなくの頃だったので、「もっと医療や福祉のことを勉強しよう、みなさんに快適な生活を送っていただこう」と、ますますやる気がみなぎりました。

その方のところへ手紙のお礼に伺おうと思っていたのですが、毎日の業務に追われて後回しになってしまいました。目と鼻の先にその方がいらっしゃるのに、僕の足はなかなかその方のところへ向かなかったのです。

そんなある日。僕は、その方がお亡くなりになったことを職員から聞きました。

お礼を言おうと思っていたのに、行けなかった……。その方を訪ねることくらいいつだってできたはずなのに、忙しいことを理由に足を向けることができなかったのです。後回しにしてしまったことを激しく後悔しました。

人は誰でも当たり前のように生き、そして当たり前のように死にます。誰も未来を約束されているわけではありません。

もしかしたら、今日で命が終わるかもしれず、この食事が最期になるかもしれないのです。

だからこそ、「今」「この瞬間」を大事にしたい。そして、人生の喜びのひとつである「おいしいものを食べる幸せ」を、患者さんや入所されている方に味わってほしい。そんな気持ちを原動力に、２０１７年、「もっとおいしい介護食を開発する」という取り組みを始めたのでした。

じつは、このプロジェクトには続きがあって、ただ「おいしい介護食を食べていただきたい」というだけでなく、それぞれの完食率を自動的に計測することも考えています。

今はまだ、ひとつのメニューを完成させた段階ですが、いずれはＡＩを活用し、次世代の介護食を完成させたい、そして、人生の最期の瞬間まで幸せを感じられる長寿社会を築きたい。そう考え、この考えに共感してくれた仲間たちと日々、挑戦を繰り返しています。

口の中で完成する「にぎらな寿司」

「ハッピーフードプロジェクト」は、飲み込む力や噛む力が低下した方でもおいしく食べることができるように、分子レベルで調理法を開発する「分子調理」のメソッドを使って、それぞれの食べる能力に合わせた固さや形状で介護食を提供することを目指しました。

もちろん僕たちだけでは実現できませんので、福祉村にいる調理師さんや栄養管理士さんに加えて、クリニカルフードプロデューサーの多田鐸介先生にメニュー開発をお願いしました。

また、分子調理学の専門家である宮城大学教授・石川伸一先生、東北生活文化大学講師の濟渡久美先生、パリ第11大学准教授で分子調理にも造詣が深いラファエル・オーモン先生にもアドバイスをいただき、食・栄養・分子調理のプロフェッショナルがそれぞれに意見やアイデアを出し合って、プロジェクトを進めたのです。

その結果、「分子調理」のメソッドを使って、僕らが最初につくることに選んだのは寿司でした。

酢飯も、ネタも、醤油も、ガリも、ひとつずつ丁寧にムースやジュレ状にして、スプーンに乗せて食べるのです。

たとえば、かんぴょう巻であれば、かんぴょうのムース、おかゆの酢飯、海苔のジュレ、山葵のジュレを合わせたものになっています。

もともと日本食は、白米とおかずを一緒に食べることで味付けするという、「口中調味」が特徴です。その「口中調味」を取り入れ、口の中で寿司が完成するというメニューを開発したのです。

僕らは、この寿司を「にぎらな寿司」と名付けました。

これであれば食事を摂るのが困難なお年寄りや嚥下障がいのある方でも、喜んで食べてもらえます。


実は、分子調理でメニューを開発しようとなったとき、すすらなくても食べられる蕎麦や、小骨を気にしなくても平気な焼き魚など、寿司以外にもたくさんの候補やアイデアが出ました。

分子調理のメソッドで開発した「にぎらな寿司」

でも僕は、このプロジェクトの第一弾は、寿司がふさわしいと思ったのです。寿司はハレの日に食べる、ちょっと特別な食べものだと思うからです。

僕が覚悟メシを食べるとき、たとえば、鈴鹿まで母が車で送ってくれていたことやウンベルトさんの真剣な表情、土曜日、キッチンに立っていた父のやわらかな横顔を思い出すように、お年寄りや嚥下障がいのある方も、寿司を食べるときには、家族や友人たちとのなつかしい思い出が蘇ってくるかもしれません。

にぎらな寿司を食べながら、そうしたことを思い出してもらえたらうれしいと思ったのでした。

どちらの道を選ぶか

分子調理のメソッドで寿司をつくることが決まってからも、おいしいとはどういうことかを考えながら、何度も試作を繰り返して完成度を高めていきました。

もちろん「おいしい」という基準は人それぞれに違いますが、患者さんはおいしくなくても何も言わないことのほうが多いでしょうから、つくり手個人の経験や感性、感覚だけに頼らない「おいしさの指標」をつくりたいと思っていたのです。

分子調理という科学的アプローチにより、おいしさの指標をつくることで、再現性も高まります。

その結果が、日々の「おいしい」をつくり、介護を受けている方みんなの「おいしい」につながっていくように思います。だから、人の感覚からの脱却をはかることで「食べやすさ」や「おいしさ」を誰もが再現できることを目指しているのです。

「にぎらな寿司」を開発する過程では、想定外のこともありましたが、予期せぬことに対応していくプロセスは、レースのときと同じでした。レース中も、予期せぬことは頻繁に起こります。

マシンのセッティングが予想通りではなかったり、新しいマシンのパーツが不具合を起こしたり、突然天候が崩れたり……。

その瞬間瞬間、ドライバーは即座に対応し、最後のチェッカーフラッグを受けるために最前の努力を積み重ねながらドライビングしているのです。

もちろんドライバーも人間ですから、ミスすることもあります。

そんなときは、「なぜ、あのときこうしなかったのか」「なぜ、突然こんな事態が起きてしまったのか」と必ず後から振り返ります。

だからこそ、「次」というチャンスがあるのです。


予期せぬ困難に遭遇したとき、そこには2つの道が広がっています。ひとつは困難から逃れる道、もうひとつは困難に立ち向かって行く道です。

どちらの道を選ぶのが正しいのか、正直に言えば、僕にはわかりません。ただ、やはり後になっても納得できる道を選ぶべきとは思います。

僕は19歳のとき、ドイツのレースで大クラッシュをし、サーキットから救急病院までヘリコプターで運ばれたことがあります。

幸いにして、診断の結果は両膝の打撲で、1泊入院するだけですみましたが、日本にいる家族には、はじめ「ヘリで搬送された」とだけ伝わったそうです。容体がわからずに家族が混乱するなか、父だけは静かにこうつぶやいたと聞きました。

「好きなことをやって死ねるなら本望だろう」

人によっては突き放した言い方に聞こえるかもしれませんが、僕にとっては父からの称賛の言葉に聞こえました。F1ドライバーという夢に挑戦した僕の生き方を「よくやった」と称えてくれたように感じたのです。

分子調理でつくったにぎらな寿司を、普段はなかなか食事を召し上がらない患者さんが全部ペロッと食べたのを見て、看護師さんが本当にびっくりしていました。

今、晴れの日だけでなく、分子調理のメソッドで日常食を再現する次のステップに向けてチャレンジしています。にぎらな寿司は、最期まで「おいしい」を誓う大切な覚悟メシなのです。

医療福祉の若手リーダー育成の夢

少し前の話になりますが、『リアルトーク for 自己実現』というテーマで、若者25名とテレビ収録したことがあります。参加していたのは、僕よりも下の世代の18〜24歳までの若者でした。

正直に言えば、僕は収録前、もっと考えのない若者が参加すると思っていました。

でも実際は、「やりたいこととは何か」「仕事のやりがいとは何か」「生きがいとは何か」「世界平和とは何か」といったことについて、それぞれ意識が高く、きちんと意見を持ち合わせていることにとても驚きました。

収録時間の都合上、全員の意見や気持ちを聞くことができなかったので、できれば一人ひとりと向き合いたかったと感じました。

ただ、素晴らしいと思う一方、「カッコいい僕」「カッコいい私」を求め過ぎているのか、みんな、どこか背伸びしているように感じました。

たとえるなら、大股で階段を上がろうとしたけれど、結局上がることができなくて、そんな自分がカッコ悪く、全力で何かをやり切る前に、あきらめてしまっているようにも感じました。

今、僕は愛知県豊川市にある専門学校の理事長を務めています。医療福祉の若手リーダーを育成したいという想いから、教育事業に取り組み始めました。

今の僕があのテレビ番組でいっしょに出演した若者たちにもう一度出会えるなら、「もし君たちが全力でやっているなら、今はカッコ悪くても良いんじゃん！」と言ってあげたいです。

精一杯、何かに取り組んでいれば、誰もが壁にぶち当たるでしょう。あせって、頑張り過ぎて、空回りして、何もかもうまくいかないときもあるでしょう。

Ｆ１ドライバーを目指していたかつての僕がそうだったように、もがいて、苦しくて、生きている価値があるのかわからなくなるときだってあると思います。

それでも、焦らず、少しずつで良いので、前を向いて、一歩ずつ歩んでいくこと。そうすることで、必ず光が見えるときがやって来ます。

全力で取り組んだ先の失敗なら、恐れる必要はありません。仕事でも恋愛でも何でも本気で取り組めば、たとえ結果がダメでも納得できますし、次に向かって、また全力で取り組めます。

今は回り道をしているような気がしたとしても、後から振り返ってみたら「それが近道だった」というのはよくあることです。逆に、全力で生きていないと、環境のせいにしたり、誰かのせいにしたり、運のせいにしたりして、必ず後悔するときがやって来ます。

そんな後悔する生き方は、それこそカッコ悪いです。だから、あのときの若者たちへ、僕の座右の銘でもあるこの言葉を贈ります。

カートのスクールに入ったとき、大学生の先輩が僕に年賀状で書いてくれた言葉です。「もう後がない」と追い込まれたときに僕を励ましてくれた言葉であり、この言葉の持つ強さをとても気に入っています。

「人間は自己実現不可能な夢は思い描かない」

メシとともに覚悟を決める

年を重ねていくと、多くの人は介護が必要になります。でも、食べる喜びをなくした老後を、僕は想像したくありません。

食べることは、生きる喜びに直結します。繰り返しですが、食のおいしさは味だけにあるのではなく、誰と、どんなふうに食べるのかによっても変わります。

そこには、うれしかったり、悲しかったり、楽しかったり、悔しかったりする思い出や記憶があるはずです。むしろ、その思い出や記憶と出合うために、僕は料理をすると言っても過言ではありません。

僕がつくる「覚悟メシ」は、いつでも思い出や記憶が隠し味になっているのです。

ここまで「覚悟」について、僕なりに考えてきました。

僕自身いつ死んでも、いつ障がいを負ってもおかしくないことをしていたわけですから、こうして生かされている自分には役割があるのだと感じます。

「どんな環境があれば、人は最期の瞬間まで幸せでいられるのか」。

これを突き詰めることが、今の僕に与えられた役割だと思います。

同時に、いくつになっても食べる喜びを感じていたいし、自分だけでなく、仲間や子どもたちに覚悟メシをふるまえる自分でありたいと思っています。

迷って、悩んで、たくさん試行錯誤した今を後で振り返ったとき、「これが自分の望む人生だった」と思えるよう、僕はこれからもメシとともに覚悟を決めていくつもりです。

だから、覚悟が決まらず、あれこれ悩んで、一歩踏み出せないあなたへ。

まず、腹ごしらえをしましょう。

きっとそれが、腹をくくる「覚悟メシ」になるはずです。

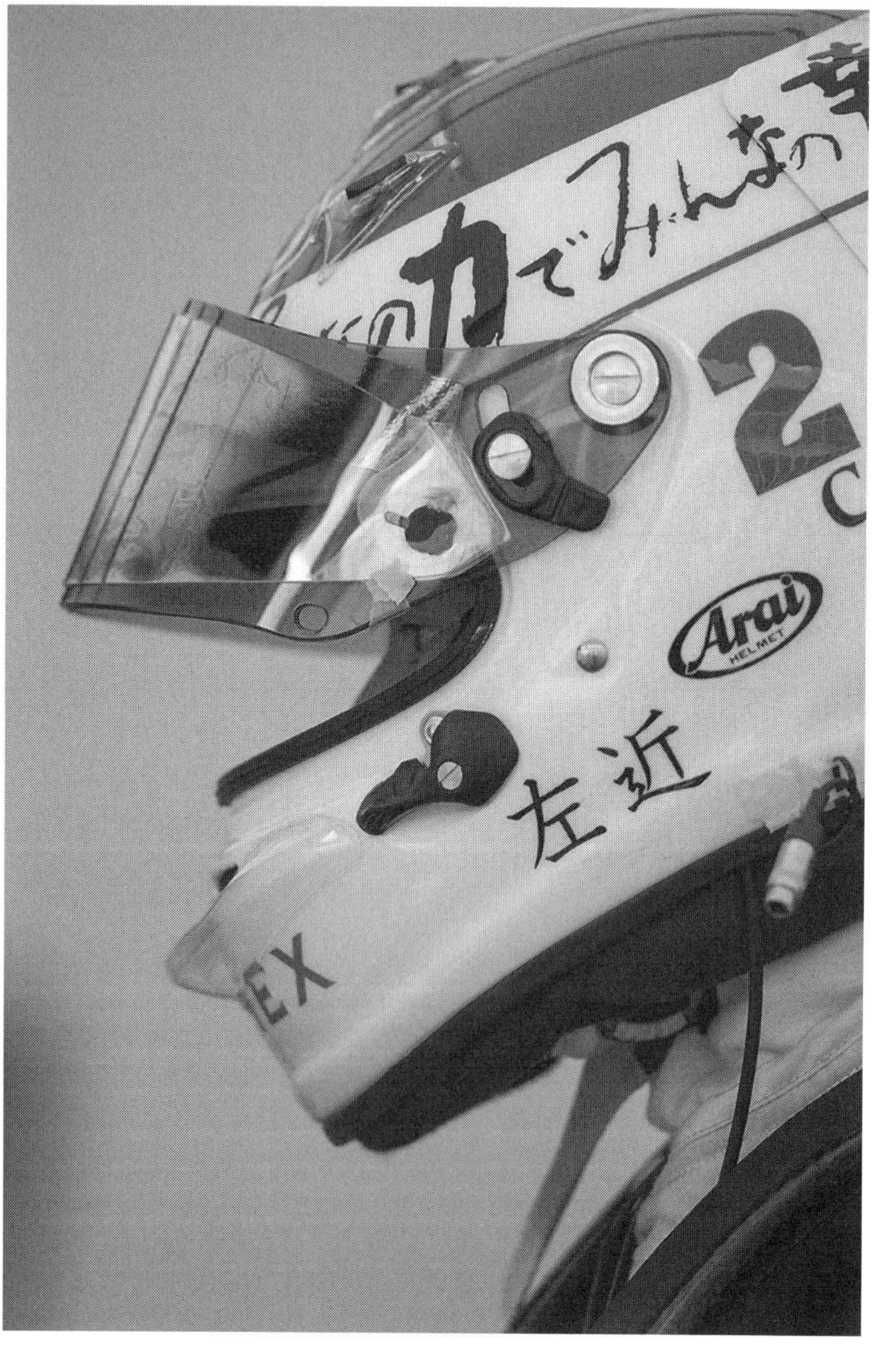
Arai
HELMET
左近

おわりに

最後まで読んでくださって、ありがとうございます。

本書には、たくさんの先達に教わったこと、僕自身の経験から得たことを盛り込みました。

本編で書いた通り、僕は19歳のときにヨーロッパに渡ったのですが、レースで勝ってF1ドライバーになろうと意気込んでヨーロッパに行ったのに、勝つどころか入賞もままならず、あせっては失敗し、次にその失敗分を取り返そうと、さらに頑張りすぎて、どんどん悪いサイクルに入ってしまいました。

レースで結果が出ない、レースのことしか考えていなかった当時の僕にとっては、それが何よりもつらかったのです。もっとまわりに目を向けてみたら良かったのに、そんな余裕もなく狭い視野のなかで、人のせいにしたり、自分自身を責めたり、とにかく自信がなくなっていました。孤独で、楽しいことがない、つらいことしかないと思っていた時代だったので、本当によく死ななかったと今でも思います。

僕がこの経験から学んだことは、こうしたときには無理にあがいたりするのではなく、「仕方ない」と割り切って、とにかく一歩一歩、できることから前へ進むことです。頑張ろうとすると、どうしても二段跳び、三段跳びで階段を上がろうとしてしまいます。

ダメな今の自分を見つめる。それが大事に思います。

優勝したい、けれど前のレースが10位だったら、次は9位でいい。そうやって一歩ずつ、少しずつ、自分の成功体験を重ねていき、その結果、2004年の全日本F3選手権の最終戦では、2位に13秒以上も離して優勝を飾ることができました。

もうレースを続けられない、辞めようかと考えていたところから、優勝までの道のりは大変でした。けれども一歩一歩の積み重ねは裏切りません。

そして、その積み重ねたものはそれまでのものと違って、しっかりとした自分の幹になったのでした。

覚悟が決まらないときも同様で、無理にあがかないことです。

僕もプロスポーツの世界にいたのでわかりますが、なかなか覚悟が決まらないときというのは、自分自身でも薄々わかっているからこそ、本当にもどかしく、苦しいものです。

他人に嘘をつくことはできますが、自分自身に嘘をつくことは難しいのです。

それでも、自分を信じて、一歩でも前へ進むことです。少しずつでも動いてさえいれば、覚悟が決まる瞬間は必ず訪れ、次のステップに向かうときがやってきます。

今は人生100年時代とも言われていますので、人生の転期を迎えたり、あるいはセカンドキャリア、サードキャリアを選択したりすることが、誰にでもやって来る時代です。

そんなときには、ぜひ覚悟が決まった先の未来に思いを馳せてみてください。思いを馳せれば、覚悟はゴールではなく、次へと進む入口に変わります。

あなたの覚悟が決まる瞬間を「覚悟メシ」で迎えていただければと思います。

最後になりましたが、現役の頃はもちろん、今でも、いつも応援いただいているファンの皆様、これまでレースを通じて出会ってきた日本や世界中にいる皆様に、この場を借りてお礼申し上げます（日本語を読めない人もいっぱいいると思うけれど。笑）。

また、現在の仕事である医療や介護、福祉関係の仲間の皆様、いつもご指導をいただき、感謝申し上げます。引き続き、ご指導ご鞭撻のほどをよろしくお願い申し上げます。

そして、僕の経験を書籍としてかたちにしてくださった、渋谷のカフェに行ったら絶対にある雑誌ソトコト世代として憧れの木楽舎の小黒一三代表、今回たくさんのご迷惑をかけましたが、しっかりとまとめてくださった同い年の担当の中野亮太さん、装丁の写真を撮影いただいた、優しい雰囲気を持ちながらも幅広い撮影ができる信頼するフォトグラファー石丸敦章さん、いつも僕の良いところを引き出してくれるイケメンのカリスマヘアメイクアップアーティストの田中誠太郎さん、レース時の写真を提供いただいた、ずっと昔から撮り続けてくれている兄・今原太郎さん（体にはくれぐれも気をつけて。健康第一で太りすぎないように）、執筆にあたり助言いただいたインドとヨガが大好きな鈴木博子さん、プロデューサーで僕の兄以上に兄のような存在の嶋瀬徹さんに心より感謝申し上げます。

そして、いつも僕を温かく支えてくれる友人のみんな。くだらない話で盛り上がったり、一緒に笑ったり、悩み相談をしてくれたり、それぞれいろんな人生があるけれど、縁あって一緒に過ごせる時間が僕の人生にとって何よりも宝物。みんな、ありがとう。

最後の最後に。さわらびグループで「みんなの力でみんなの幸せを」を実現するために共に働く仲間の皆さん。いつも本当にありがとうございます。

そして、最後の最後の最後に、どんなときでも厳しさと優しさを持って応援し続けてくれる父・山本孝之、母・山本ゆかりに言葉では言い尽くせないほどの感謝を申し上げます。

2019年2月
山本左近

著者略歴

山本左近（Sakon Yamamoto）

1982年、愛知県豊橋市生まれ。幼少期に見たF1日本GPでのセナの走りに心を奪われ、将来F1パイロットになると誓う。両親に土下座して説得し1994年よりカートからレーシングキャリアをスタートさせる。2002年より単身渡欧。ドイツ、イギリス、スペインに拠点を構え、約10年間、世界中を転戦。2006年、当時日本人最年少F1デビュー。以降2011年まで欧州を拠点に世界中を転戦。2012年、帰国後ホームヘルパー2級を取得。医療介護福祉の世界に。医療法人・社会福祉法人さわらびグループの統括本部長就任。現ＣＥＯ／ＤＥＯ。2017年には未来ヴィジョン「超“幸”齢社会をデザインする」を掲げた。また、学校法人さわらび学園 中部福祉保育医療専門学校において、次世代のグローバル福祉リーダーの育成に精力的に取り組んでいる。日本語、英語、スペイン語を話すマルチリンガル。

覚悟と、メシと。

発行日　　2019年3月1日　第1刷発行

著　者　　山本左近

発行人　　小黒一三
発行所　　株式会社木楽舎
〒104-0044　東京都中央区明石町11-15　ミキジ明石町ビル6階
電話 03-3524-9572
http://www.kirakusha.com

装丁　　涼木秋
写真（カバー）　石丸敦章（株式会社ダルクモデルズアンドファクトリー）
写真（レース）　今原太郎
ヘアメイク　田中誠太郎（Reno Beauty）
校正　　田村宏美
協力　　鈴木博子
嶋瀬徹（ROOT Co.Ltd）

印刷・製本　シナノ印刷株式会社

ISBN978-4-86324-135-0